उपन्यास

दुखमोचन

दुखमोचन

नागार्जुन

राजकमल प्रकाशन

ISBN : 978-81-7178-874-3

मूल्य : ₹695

पहला संस्करण : 1966
दसवाँ संस्करण : 2024

प्रकाशक : राजकमल प्रकाशन प्रा. लि.
1-बी, नेताजी सुभाष मार्ग, दरियागंज
नई दिल्ली-110 002
शाखाएँ : अशोक राजपथ, साइंस कॉलेज के सामने, पटना-800 006
पहली मंजिल, दरबारी बिल्डिंग, महात्मा गांधी मार्ग, प्रयागराज-211 001
1, अनमोल सोराबजी सन्तुक लेन, धोबी तलाव, मरीन लाइंस, मुम्बई-400 002
वेबसाइट : www.rajkamalprakashan.com
ई-मेल : info@rajkamalprakashan.com

मुद्रक : बी.के. ऑफसेट
नवीन शाहदरा, दिल्ली-110 032

DUKHMOCHAN
Novel by Nagarjun

'दुखमोचन' को आकाशवाणी के लखनऊ-प्रयाग केन्द्र ने तेरह किस्तों में (समग्र रूप में) प्रसारित किया था—'56 के जुलाई, अगस्त और सितम्बर में। प्रोड्यूसर थे श्री भारतभूषण अग्रवाल। कथोपकथन और परिसंवाद को छोड़कर कथावस्तु का पूरा वाचन श्री विजय बोध ने किया था। निम्नलिखित कलाकारों का स्वर-संयोग पाकर उपन्यास के पन्द्रहों पात्र लाख-लाख श्रोताओं के लिए कुछ अरसे तक अविस्मरणीय हो उठे :

अशोक कुमार (दुखमोचन), उषा आर्या (मामी), शोभारानी पंजाबी (अपर्णा), रीता वर्मा (टुनू), के.बी.एल. वर्मा (सुखदेव), डी.के. बनर्जी (नित्याबाबू), राज जोशी (टेकनाथ), सुरेश बिहारीलाल (वेणीमाधव), कौशल बिहारीलाल (मधुकान्त), कुमुद (चमकी), अनिल मालवीय (लीलाधर), उमेश दीक्षित (रामसागर), उर्मिला दीक्षित (माया), और देवव्रत दीक्षित (योगेन्द्र)।

समर्पण की बात सोचते ही ये सभी चेहरे मुझे याद आ गए हैं...

—नागार्जुन

दुखमोचन

एक

टिप टिप टिप...

पिछले सत्तर घंटों से आसमान टपक रहा था। ऊदे-ऊदे भारी बादल विराट चँदोवा की तरह ऊपर तने हुए थे। नीचे भीगी धरती सिकुड़-सिमटकर मानो छोटी हो आई थी। कीचड़ की घिचिर-पिचिर ने मन की प्रफुल्लता हर ली थी।

टिप टिप टिप...

काली डरावनी रात का यह सन्नाटा कई गुना अधिक गहरा हो रहा था। अमराइयों में डालों और टहनियों की सन्धियों से चिपके झींगुरों की एकरस-एकस्वर झंकार बरसात की इस प्रकृति को भयानक बना रही थी। कहीं कोई कुत्ता भी तो नहीं भूँक रहा था।

धान के खेतों में पानी भरा था—कहीं कम, कहीं ज्यादा। मेंड़ों पर जुताई के समय किसानों ने मिट्टी डाल दी थी; वह अब बैठ गई थी, लेकिन फिसलन के मारे उस पर से चलना मुश्किल था।

—साली ने नाक में दम कर दिया, थूऽऽ...

मद्धू ने वर्षा को गाली दी और सुरती थूककर मेंड़ पर से खेत में उतर आया। एक बड़े मेढक ने छलाँग मारी तो जोरों की आवाज हुई, छपाक्! पानी

के कुछ-एक छींटे मद्धू की नंगी बाँहों पर पड़े। न छाता था, न बाँस की छतरी थी। कन्धे पर गमछा-भर था जो कि अभी पूरी तरह भीगा नहीं था।

खेत में धान के पौधों को रौंदता हुआ वह आगे बढ़ रहा था—सीधे पश्चिम या दक्षिण की तरफ नहीं, कोने की तरफ। मुलायम पाँक, कड़े-तीखे घोंघे, घास की गाँठें, बारीक घुँघचियाँ और जाने क्या-क्या तलवों के नीचे आ रहा था।

एक के बाद दूसरा खेत, दूसरे के बाद तीसरा, फिर चौथा...फिर और, फिर और! फिर ऊँची सतह की बलुआही जमीन मिली। मक्के की खूँटियों से उलझकर चलना असम्भव हो उठा तो फिर मद्धू ने मेंड़ पकड़ ली। यह रामसागर का ही खेत था। और माँ भी तो रामसागर की मरी थी न!

हाँ, अभी कुछ देर पहले रामसागर की बूढ़ी माँ के प्राण-पखेरू उड़े थे और मधुकान्त लोगों को इसकी खबर देने निकला था। दो ही जने बाकी थे, जिनके यहाँ जाना था—दुखमोचन और वेणीमाधव। टमका-कोइली कोई छोटा गाँव नहीं था, पाँच हजार से ऊपर की जनसंख्यावाली एक भारी बस्ती थी। दरअसल यह छोटी-छोटी कई बस्तियों का एक समूह था। बीच-बीच में खेत और बाग फैले हुए थे। उत्तर-पूरब की तरफ से कन्नी काटकर एक नदी निकल गई थी। इधर डिस्ट्रिक्ट बोर्ड की पक्की सड़क, उधर मीटरगेज की रेलवे लाइन।

दुखमोचन का घर नजदीक आया तो बादल की टिपिर-टिपिर रुक गई। कीचड़ से सने पैरों की उँगलियों में हल्की-हल्की-सी खुजली महसूस हो रही थी। मद्धू की तबीयत हुई कि कुएँ पर चलकर एक डोल पानी खींच ले और अच्छी तरह पैरों को धो डाले। लेकिन अभी तो रात-भर घूमना-फिरना था, फिर क्यों कोई पैर धोए।

दुखमोचन के दालान के सामने जो आँगन था, वह छोटा नहीं था। लगातार कई रोज वर्षा हुई थी, मगर सतह ऊँची होने के कारण आँगन घिच-पिच नहीं हो पाया। भीगी मिट्टी पैरों के नीचे रबड़-सी दबती मालूम दे रही थी।

बाहर बैठकखाने में कोई सो रहा था। दुखमोचन का भाई सुखदेव दालान के भीतर कोठरी में सोया होगा, मधुकान्त को यह निश्चय था ही; फिर भी वह दो सीढ़ी ऊपर बरामदे में न जाकर नीचे आँगन में ही खड़ा रहा।

उसने तम्बाकू निकाला, चूने के लिए चुनौटी निकाली अंटी से। सोचा कि सुरती तैयार करके ही सुखदेव और दुखमोचन को जगाना उचित होगा...

लाठी एक तरफ खड़ी कर दी और उचककर वह बरामदे के किनारे पर बैठ गया। आठ-दस रोज बाद वह दुखमोचन के यहाँ आया था। इस बीच दुखमोचन बाढ़-पीड़ितों की सहायता के लिए लगातार बाहर-ही-बाहर घूमता रहा; मधुकान्त की ही नहीं, गाँव के दूसरे लोगों की भी मुलाकात उससे नहीं हुई थी।

सुरती फाँककर मद्धू ने आवाज लगाई—सुखदेव भाई! ओ सुखदेव भाई ई ई ई ई...

—ऊँ!!

सुखदेव ने करवट बदली तो अन्दर चारपाई चरमरा उठी।

—उठिए, सुखदेव भाई!

—क्या है मद्धू?

—रामसागर की माँ मर गई....

—कब?—सुखदेव ने उसी तरह अलसाई आवाज में पूछा।

मुँह में सुरती की थूक भर आई थी। मधुकान्त ने जैसे-तैसे कहा—घंटा-भर हुआ है।—जरा रुककर पूछा—सुखदेव भाई, आपके टॉर्च में बैटरी तो भरी होगी न?

किवाड़ खोलकर सुखदेव बाहर निकले और टॉर्च की रोशनी से समूचा आँगन जगमगा उठा।

सुरती थूककर मद्धू ने पूछा—दुखमोचन कब लौटे?

—लौट तो आए थे शाम को ही, लेकिन सोए हैं देर से...

—तो फिर उनको जगाने की जरूरत नहीं?

सुखदेव रहे तो चुप ही, लेकिन रंग-ढंग से साफ था कि बीच नींद का यह विघ्न उनको बेहद अखरा है।

इतने में अन्दर घर में से खड़ाऊँ की खटपट सुनाई पड़ी।

—लो, जग तो गए दुखन!

आश्वस्त होने की भावना में डूबे हुए ये शब्द मद्धू को सुखदेव के मुँह

से निकलने के कारण ही शायद अच्छे नहीं लगे। उसका दिल चाहता था कि हफ्ता-भर की गहरी थकावट के बाद दुखमोचन अभी दो-एक रोज पूरा आराम लें और इस समय बुढ़िया की श्मशान-यात्रा में सुखदेव ही शरीक हों।

अगले ही क्षण दुखमोचन मद्धू के सामने खड़ा था।

—तुम सो जाओ!—उसने भाई से कहा। फिर मधुकान्त के कन्धे थपथपाकर बोला—चल, मैं चलता हूँ।

—नहीं दुखन भैया, तुम बहुत थके हो।

—चल, चल! दुखमोचन ने हँसकर कहा—पागल कहीं का!

—नहीं, दुखन भैया!

—उहुँ!

खड़ाऊँ दुखमोचन ने बरामदे पर रख दी और आगे आँगन में निकल आया।

दाहिने कान पर जनेऊ चढ़ाते हुए सुखदेव ने कहा—बबुअन, टॉर्च नहीं लोगे साथ?

—नहीं, भैया!

—ले लो न!—मधुकान्त ने कहा तो दुखमोचन ने उसकी उँगली दबा ली मगर प्रकट रूप में कहा—नहीं, रहने दो, बरसात का मौसम है और हमारी बँसवार में साँप रहते हैं...

सुखदेव ने कहा—हाँ, मद्धू, बबुअन ठीक कहते हैं...और...और मैं रामसागर की माँ के शव को कन्धे जरूर लगाता, किन्तु फिर तीन दिन हमारे शालिग्राम बिना पूजे ही पड़े रहेंगे, शंख में पानी भरकर कौन उन्हें नहलाएगा और कौन करेगा सहस्रशीर्षा मंत्र का पाठ? समझते हो न, मधुकान्त?

मद्धू चुप रहा। सुखदेव को तसल्ली नहीं हुई उस चुप्पी से। तो, टार्च जलाकर उसकी मुखमुद्रा देख लेनी चाही, लेकिन दुखमोचन के पीछे-पीछे जाते मधुकान्त के सिर और पीठ के पिछले हिस्से ही दिखाई पड़े, जिन पर किसी प्रकार का प्रभाव अंकित नहीं था।

सही रास्ता काफी घूमकर इधर आता था, इसी से मधुकान्त खेतों में से होकर दुखमोचन के घर तक पहुँचा था। अब वापसी में वेणीमाधव को साथ

लेना था। गाँव के बीचोबीच जो रास्ता था, दुखमोचन और मधुकान्त उसी पर आ गए।

तीनों रामसागर के दालान पर पहुँचे। अन्दर औरतें रो रही थीं। तीखी खुरदरी रुलाई के बेधक स्वरों से भादों की काली रात का वह मनहूस सन्नाटा टूक-टूक हो रहा था।

कंचन और कन्हाई लालटेन लेकर गए और बाँस काट लाए।

ताजे-हरे बाँस के डंडों से उधर अर्थी बनती रही, इधर लोगों में बातें होती रहीं। आँगन के कोने में तुलसी का चबूतरा था। उसी के नजदीक उत्तर की तरफ सिर करके लाश रख दी गई थी। सामने ईंट के आधे टुकड़े पर ढिबरी जल रही थी, जिसका फीका-फीका आलोक बुढ़िया की बुझी पुतलियों से टकरा रहा था।

लोग यही मना रहे थे कि सुबह तक अब और वर्षा न हो कि रामसागर दुखमोचन को उठाकर अलग ले गया।

—गीली लकड़ी से तो लाश जलेगी नहीं, दुखन भाई!

—किसके यहाँ हो सकती है सूखी लकड़ी?

—अपने यहाँ तो फूस भी नहीं है, भैया!

—मद्धू या वेणी से न पूछ लें?

—मद्धू का बाप कटखना है, होगी भी तो नहीं देगा।

—और वेणी?

—मालूम करो।

दुखमोचन ने वेणी को बुलाया तो मालूम हुआ कि वह पुरानी फूस के चार-छह पूले दे सकता है।

बरसात के मौसम में गरीब गृहस्थों के यहाँ सूखी लकड़ियाँ पाना बड़ा ही कठिन है। लगातार कई दिन कई रात तक जब वारिश होती रही हो तो उस कठिनाई का न ओर मिलेगा न छोर!

दुखमोचन ने कुछ देर सोचा। एकाएक उसे काठ के अपने वे तख्ते याद आ गए जो तख्तपोशों की तैयारी के लिए चीरे गए थे। निश्चय ही यह लकड़ी अच्छी किस्म की थी, मगर रामसागर की माँ का अग्नि-संस्कार भी होना ही था।

कंचन और कन्हाई को साथ लेकर दुखमोचन फौरन आए और बैलोंवाले

अपने बाहरी घर से तख्ते निकलवा ले गए। सुखदेव को कुछ पूछने की हिम्मत नहीं हुई...

रामसागर ने सूखी लकड़ी का यह अनोखा इन्तजाम देखा तो आँखें भर-भर आईं। भर्राए गले से बोला—दुखन भैया, अपना भाई तो काम नहीं आया मगर तुम तो सगे भाई से भी बढ़कर निकले।

झुककर उसने दुखमोचन के पैर छू लिए।

थोड़ी ही देर बाद अर्थी बाहर निकली। लोग चुपचाप नदी की ओर बढ़े। वर्षा सचमुच रुक गई थी, लेकिन आसमान साफ नहीं हुआ था।

बीजू आम के पेड़ों का पुराना बाग नदी के किनारे-किनारे दूर तक फैला था। गाँव के मुर्दे वहीं जलाए जाते थे। इलाके के पुराने जमींदार राज रत्नेश्वरी नन्दनसिंहजी बहादुर की जमींदारी तो सरकार ने ले ली, मगर यह बाग नहीं ले सकी। राजा साहब ने चुपके-चुपके कुछ-एक धनी किसानों को बाग की जमीन पर पट्टा लिख दिया। अधिकांश पेड़ ईंटें तैयार करनेवाली कंपनियों के ठेकेदार कटवा ले गए। अब बाग बड़ी तेजी से खेतों का रूप ले रहा था, आम लोगों के लिए एक यह विकट समस्या थी कि मुर्दे कहाँ जलाए जाएँ। जमींदार नदी का कछार भी पट्टे पर उठा रहे थे। दुखमोचन ने गाँव के लोगों की राय से एक एकड़ जमीन श्मशान के लिए छेंक रखी थी। इसमें चार-ही-छह पेड़ बच रहे थे अब।

वहीं रामसागर ने माँ का दाह-संस्कार किया। लाश जलने में बहुत देर नहीं लगी। सुबह होते-होते नहा-धोकर लोग वापस आ गए।

रिवाज के मुताबिक मामी ने पत्थर का टुकड़ा आगे रख दिया तो दुखमोचन ने उस पर पैर रखकर पानी डाल लिया, फिर भीगे कपड़े बदले।

मामी बुड़बुड़ाने लगीं—मरने का कोई और मौसम बूढ़ी को नहीं मिला क्या! माई री माई, न ऐसी बारिश देखी, न ऐसा मरना ही देखा! और...यह भी ऐसे परोपकारी जीव हैं कि भगवान् ही बचावें तो बचावें...नहीं जाते अर्थी के साथ तो बुढ़िया शायद इन्हीं के माथे मँडराती रहती...

दुखमोचन ने मुस्कराकर कहा—तुम तो नाहक रंज होती हो, मामी! कोई-न-कोई तो हमारे घर से जाता ही न! मैं नहीं जाता तो भैया जाते कि नहीं?

मामी चुपचाप रसोईघर के अन्दर चली गईं।

दुखमोचन बरामदे पर रखे हुए पीढ़े पर बैठ गया। पैर की उँगलियों के नाखून पानी में फूलकर और भी सफेद और भी बड़े लग रहे थे।

—बच्ची!...बच्ची ी ी ी ी!

दुखमोचन ने बेटी को पुकारा। पिछवाड़े की बगिया से जवाब में आवाज आई—आई बापा, अभी आई!

पायलों की रुनझुन-रुनझुन से अपने आने की घोषणा करती हुई एक चौदह बरस की लड़की सामने दिखाई पड़ी। उसके दोनों हाथ गीली-रूखी मिट्टी से सने थे, बड़ी-बड़ी कमलपत्री आँखों में उल्लास छलक रहा था। गोरी सूरत, सुडौल देह!

पिता ने स्नेहपूर्ण निगाहों से पुत्री को देखा।

वह नजदीक आकर खड़ी हो गई।

नाक पर पसीने की बुँदियाँ चमक रही थीं। चोटियों को जूड़े की शकल में लपेट लिया गया था, किन्तु उनके दोनों सिरे अपनी काली-चमकीली झालर छिपा नहीं सके थे। सामने पेशानी पर एक पतली लट काले कुंडल की तरह चिपकी हुई थी।

दुखमोचन ने कहा—सारी बागवानी आज ही पूरी कर लोगी, बेटा?

लड़की खिलखिला पड़ी और बोली—अभी-अभी तो खुरपी लेकर उधर गई थी कि आपने पुकार लिया। पद्मा ने हजारा गेंदे के पौधे भेजे हैं, सोचा कि लगा दूँ।

पिता मुस्कराए। नरमी से कहा—उस रोज पुराना ब्लेड दिया था, ले तो आओ, बेटी!

दुखमोचन ने पैर के नाखूनों की तरफ इशारा किया और जाने क्या सोचने लगे।

बच्ची ने ब्लेड लाकर पिता को थमा दिया और वापस चली गई फुलवाड़ी की ओर। पायलों की रुनझुन-रुनझुन हौले-हौले शून्य में समा गई। दुखमोचन ब्लेड से नाखून काटने लगे। उधर दालान पर सुखदेव शालिग्राम की पूजा कर रहे थे। छोटी घंटी की टुन-टुन टिन-टिन आवाज लगातार आ रही थी। साफ

था कि पंडित सुखदेव मिश्र हमेशा की तरह आज सवेरे भी भगवान को रिझाने बैठ गए थे।

आसमान साफ था और सूरज की किरणें खुलकर खेलने लगी थीं। बीच में आँगन, चारों तरफ घर। लगता था कि भादों की कड़ी धूप धरती का गीलापन पाँच-सात घंटों में ही सोख लेगी।

बाएँ पैर की बूढ़ी उँगली यानी सबसे मोटी और पहली उँगली बचपन में ठेस खाकर बुरी तरह घायल हो गई थी। तभी से उसका नाखून ठूँठ पड़ गया था। कोने में मसूर-नुमा खोडर बन गई थी; उतनी दूर नाखून को सँभालकर काटना होता था। बाकी सारी उँगलियों के नाखून काटकर इसे आखिर में लेते थे।

कई दिनों से अखबार नहीं देखा था। बाढ़-पीड़ितों के सहायता-कार्य में मशगूल रहने के कारण क्षण-भर की भी फुरसत नहीं मिली थी। अब आज काफी अखबार इकट्ठे ही देखने थे, मगर पलकें नींद की प्यासी थीं।

एक बार पलक झिपी तो ब्लेड बहक गया। उसी अँगूठे का नाखून जरा अन्दर तक कट गया। दुखमोचन ने धोती की खूँट से खून पोंछा। पसीना, पानी, खून या आँसू, कोई भी तरल पदार्थ क्यों न हो, खादी उन्हें चट से सोख जाती है। और दुखमोचन ने तो स्कूली जीवन में स्याहीसोख का भी काम अक्सर खादी के अपने कुर्ते से ही लिया था।

छोटी थाली में नाश्ता लेकर मामी सामने आईं तो धोती की खूँट में खून के धब्बे देखते ही आतंक और विस्मय के मारे अपनी जीभ पर उन्होंने दाँत गड़ा लिए।

—कुछ नहीं, मामी!—दुखमोचन ने कहा। मगर मामी चीखीं—तुमसे हजार बार कहा कि ब्लेड से नाखून काटने का काम न लिया करो, लेकिन एक जाहिल औरत की बात कौन सुनता है!

दुखमोचन को हँसी आ गई, बोला—तो कुल्हाड़ी ही थमा देतीं!

मामी का साँवला-सलोना स्वस्थ मुखमंडल गम्भीर हो गया। नाश्ते की थाली नीचे रखकर वह पीने का पानी लेने गईं। लौटीं तो कहा—कहाँ रखा वह ब्लेड? लाओ, मेरे हवाले करो।

करौंदे का अचार और दो हल्के पराँठे। दुखमोचन आहिस्ते-आहिस्ते

नाश्ता करने लगा। मामी ने छोटी लड़की को आवाज देकर बाँस की चौकोर पंखी मँगवा ली थी और अब नजदीक बैठकर हवा करने लगीं।

एक पराँठा खत्म हुआ तो आधा गिलास पानी पीकर दुखमोचन ने मामी की तरफ देखा।

विधवा जीवन की कठिन और लम्बी तपस्या उनकी आँखों के पानी में कड़वापन नहीं भर पाई थी। पिछले कई वर्षों से वह इस परिवार की सेवा कर रही थीं। मायके में या ससुराल में अपना कोई था भी तो नहीं। थे तो बस, बड़ी ननद के यही तीन लड़के। सुखदेव की स्त्री धनी बाप की इकलौती थी। यहाँ आकर हमेशा के लिए जम जाने में उसे घाटा था। दुखमोचन की औरत पाँच साल पहले हैजा की शिकार हुई थी। नारायण हजारीबाग में महकमा-जंगलात का मुलाजिम था। उसकी पत्नी यहीं रहती थी। बच्चों में दो थे दुखमोचन के, एक नारायण का।

मामी चुपचाप पंखा झल रही थीं। बीच-बीच में दुखमोचन की ओर आँखें उठाकर देख लेती थीं।

दूसरा पराँठा थोड़ा ही बाकी था कि मामी ने पूछ लिया—आज भी कहीं जाना है?

—नहीं, आज कहीं नहीं जाऊँगा।

—तुम्हें क्या, कोई आ जाएगा तो उसके साथ चल दोगे! और एक बार घर से निकले कि पतंग भी क्या उड़ता है...

—मामी, क्या मैं यों ही मारा-मारा फिरता हूँ?

—नहीं तो कहीं कोई अहल्या पड़ी होगी तुमसे छू जाने की आशा में! है न बाबू?

दुखमोचन को हँसी आ गई और मामी की दबी मुस्कान अब उभर आई। काली पुतलियोंवाली आँखों के दूधिया कोए चमकने लगे। फिर वह बोलीं—नहीं, आज मैं तुम्हें कहीं नहीं जाने दूँगी; बिस्तर ठीक कर देती हूँ, आराम करो!

नाश्ता हो चुका था। अब हाथ-मुँह धो रहे थे दुखमोचन।

मामी उठकर गईं, अन्दर से सुपारी और सरौता ले आईं।

आँचल से सरौता पोंछकर सुपारी के टुकड़े करने लगीं तो बोलीं—कई

दिन हुए, पान खत्म हो गया। आज कोई प्रबन्ध करूँगी।

धोती के छोर से हाथ-मुँह पोंछ चुके तो दुखमोचन ने कहा—हाट या स्टेशनवाले बाजार से मँगवा लिया होता। लोग आते-जाते तो रहते ही हैं; एँ!

—बरई से पान की पत्तियाँ खरीदने का शऊर किसी-किसी में हुआ करता है—मामी ने कहा और सुपारी का चौथा टुकड़ा थमा दिया।

दुखमोचन को मामी ने ही पान खाना सिखाया था। चार-पाँच साल के अपने कलकत्ता-प्रवास में उन्होंने कभी-कभार ही पान खाया होगा। बंगाली या उड़िया पान से उन्हें विरक्ति थी। हाँ, मगही पान का बनारसी विन्यास अच्छा लगता था। मामी के मायकेवाले जिला पूर्णिया के सुखी-सम्भ्रान्त काश्तकार लोग थे, जिनके यहाँ पान और जर्दा रोजाना खुराक में शामिल था। इस परिवार में भी मामी ने पान खाने के कई चेले तैयार कर लिए थे। दुखमोचन और छोटी बहू में तो यह शौक अपनी जड़ जमा चुका था; बच्ची भी पान खाने लग गई थी।

—अखबार कहाँ है?—दुखमोचन ने पूछा—भैया के पास या मेरी कोठरी में?

—आज इस वक्त अखबारों में मगजमारी करोगे?

—हाँ, कुछ उलट-पुलट लूँगा तो तसल्ली हो जाएगी।

—सबकुछ सँभालकर रखा हुआ है। आओ।

दुखमोचन आँगन के उत्तर की तरफ अपने घर के अन्दर गए तो मामी ने भी पीछे-पीछे प्रवेश किया।

लकड़ी की दो अलमारियाँ, दो-तीन ट्रंक, एक पलंग, एक फोल्डिंग चारपाई और मामूली-सी एक मेज—अन्दर यही सामान था। अलमारियों के पीछे टूटी कुर्सियों के कंकाल झाँक रहे थे। मेज के नीचे सही-साबित एक छोटा खूबसूरत स्टूल पड़ा था।

पलंग पर गद्दा। गद्दे पर लाल-पीली किनारियोंवाली नीली चादर। सफेद खोलवाला तकिया। सिरहाने की तरफ सामने खुशफैल जंगला। ऊपर दीवार में पाँच-सात फोटो टँगे थे—गांधी, नेहरू, लेनिन, सनयातसेन, भगतसिंह, सुभाष...

दुखमोचन लेट गए तो मामी ने अलमारी खोली। अखबार निकालकर सिरहाने की तरफ ला रखे—*आर्यावर्त, अवन्तिका, पुस्तकालय सन्देश, सोवियत*

भूमि, अमेरिकन रिपोर्टर, साप्ताहिक हिन्दुस्तान। दैनिक आर्यावर्त के आठ-दस अंक थे।

दुखमोचन ने लपककर आर्यावर्त का एक अंक उठा लिया।

निगाहें मोटे-मोटे शीर्षकों पर दौड़ने लगीं...पुलिस और छात्रों में भिड़ंत...ताप्ती नदी में अनोखी बाढ़, गोरखपुर जिले के बीसों गाँव जलमग्न...कोसी बाँध फिर संकट में—गोआ में नरमेध...समूचे भारत से सत्याग्रहियों के जत्थे...

मामी पानी से भरा लोटा और गिलास रख गईं चुपचाप।

छोटी लड़की ने आहिस्ता से झाँका, फिर दबे-पैरों अन्दर घुस आई। पिता को इसका कुछ भी पता न चला; वह अखबारों में ही मग्न रहे।

लड़की थोड़ी देर तक पिता की ओर ही आँखें गड़ाए रही, बाद में दीवार की तरफ ऊपर जिधर फोटो टँगे थे उधर देखने लगी। एक पूँछकटी छिपकली शिकार की खोज में छप्पर के अन्दर से उतर आई और गांधीजी के पास ठिठक गई।

छोकरी ने उसे पंजे से थूथन झाड़ते देखा तो अनजाने ही पलंग की पट्टी से आ लगी। अब उसका एक हाथ बाप के बदन पर पड़ा।

दुखमोचन ने लेटे-ही-लेटे चुमकारकर लड़की को ऊपर खींच लिया, निगाहें लेकिन अखबार की पंक्तियों में ही चिपकी रहीं। छोकरी ने ठुड्डी पकड़कर छिपकली की तरफ पिता का ध्यान आकृष्ट किया।

अखबार छोड़कर दुखमोचन उठ बैठे। हुलसकर बेटी को छाती से दबा लिया और बोले—अरे वाह, इसकी तो पूँछ कटी है—बता री छिपकली, क्या नाम है तेरा?

बाप की गोद में बैठी और प्यार के बोझ से दबी हुई छः साल की वह लड़की खुशी के मारे फूलकर कुप्पा हो रही थी। खिलखिलाकर बोली—मैं बताऊँ बापा, इस गिरगिट का नाम?

—बता तो देखूँ।

—इसका नाम है पूँछकटी।

दुखमोचन हँसने लगे। लड़की भी हँसने लगी।

—क्या हो रहा है? बाहर से मामी की आवाज आई।

दुखमोचन ने उसी तरह आवाज ऊँची करके कहा—कुछ नहीं, मामी।

—अरी, तू उन्हें आराम नहीं करने देगी टुनूऽऽऽ...

—नहीं मामी, मैंने ही बिठा लिया है इसे।

—अच्छा, तो यह बात है!

लड़की सहमकर काठ हो गई थी और पिता की गोद से उतरकर घर से निकल जाने का जी कर रहा था उसका।

दुखमोचन ने बारी-बारी से उसके गाल थपथपा दिये और कान से मुँह सटाकर कहा—आज रात को तुझे कहानियाँ सुनाऊँगा, हाँ! अभी बाहर जाकर खेल...और पटना जाऊँगा तो गुड्डा लेता आऊँगा तेरे लिए, और चाकलेट...

—नहीं—कान हटाकर टुनू ने पिता से आँखें मिलाईं और कहा—चाकलेट नहीं, लेमनचूस लूँगी मैं तो!

—तो लेमनचूस ही सही—दुखमोचन ने उसे चूम लिया और अगले ही क्षण गोद से उतारकर पलंग के नीचे खड़ा कर दिया।

लड़की चली गई। दुखमोचन लेट गए और आँख मूँदकर निद्रा-देवी के दरबार में प्रवेश किया।

दो

मड़ुवा और मकई की आधी फसलें बरबाद हो गई थीं। भादों में होनेवाले 'आउँस' और 'गम्हड़ी' धानों को भी बाढ़ ने काफी नुकसान पहुँचाया था। अधिकांश खेत-मजदूर रोजी की तलाश में अपना-अपना इलाका छोड़कर पूरब-पश्चिम जानेवाली रेलगाड़ियों पर सवार हो चुके थे।

मलेरिया और कालाजार ने तो लोगों को तबाह कर ही रखा था। आसिन में एक नई किस्म की खुजली फैलने लगी। यह दाद की तरह समूचे बदन में छा जाती थी, गोरी सूरत को साँवली और साँवली को काली कर देती थी। बूढ़ों-सयानों का कहना था कि इस बार बाढ़ के पानी में कोई जहरीला असर था जिससे सभी का खून खराब हो गया है। दरअसल यह बीमारी न दाद थी, न खुजली ही; एक विचित्र प्रकार का चर्मरोग था यह। बदन में कहीं आपको खुजलाहट महसूस हुई और आपने खुजला लिया। थोड़ी देर बाद उस जगह चकत्ते निकल आए, फिर आप उसे जाने-अनजाने खुजलाते रहे, सूजन जरा-जरा बढ़ती रही और चमड़ी का ऊपरी छिलका सफेद पड़ता गया। चार-छः रोज बाद देह में यहाँ-वहाँ चकत्ता-ही-चकत्ता। चकत्तों पर फुंसियाँ निकलती

गईं, पकती गईं और सूख-साखकर आपको कुरूप बनाती गईं। न खारिश हटी, न चकत्ते मिटे।

सुखदेव पर और छोटी बहू पर इस बीमारी ने हमला किया तो मामी घबरा उठीं। पहले समझा जाता रहा कि भात और गेहूँ की रोटी जिन्हें नसीब नहीं होती उन्हें ही यह रोग अपना शिकार बनाता है। लेकिन अन्दाज गलत निकला।

दुखमोचन ने बार-बार होमियोपैथी और आयुर्वेद की किताबों में इस बीमारी की बाबत उलट-पुलटकर देखा, मगर कुछ समझ में नहीं आया। आखिर दरभंगा ले जाकर सरकारी मेडिकल कॉलेज के एक चर्मरोग-विशेषज्ञ डॉक्टर से दोनों का खून टेस्ट करवाया।

नुस्खा देते वक्त डॉक्टर ने बतलाया कि गंधक का अधिक-से-अधिक इस्तेमाल करें। गंधक का मरहम, गंधक का तेल, गंधक की टिकिया। नीम के साबुन से या नीम के पानी से घाव को अच्छी तरह धो लें, फिर गंधक मिलाकर नारियल का तेल बार-बार लगावें।

मगर यह दो-चार का रोग तो था नहीं, आस-पास के गाँव के सत्तर प्रतिशत लोग इसके शिकार थे। जहाँ-तहाँ मवेशियों पर भी इसका असर देखा गया। दुखमोचन इलाके के पाँच-सात नेताओं और ऑफिसरों से इस सिलसिले में बार-बार मिले, मेडिकल कॉलेज के अध्यापकों और छात्रों से बार-बार सहायता की प्रार्थना की, जिला अधिकारियों तक प्रतिनिधि-मंडल की मार्फत जनता की सम्मिलित आवाज पहुँचाई। नतीजा यह हुआ कि गंधक के दर्जनों पैकेट और नारियल के तेल से भरे बीसियों डिब्बे ग्राम-पंचायत के दफ्तर में पहुँच गए। सार्वजनिक मामलों में दिलचस्पी लेनेवाले कुछ-एक व्यापारियों ने नीम की सौ टिकिया साबुन दी थीं।

पंचायत गाँव की गुटबन्दी को तोड़ नहीं सकी थी अब तक। चौधरी-टाइप के लोग स्वार्थ-साधन की अपनी पुरानी लत छोड़ने को तैयार नहीं थे। जात-पाँत का टंटा, खानदानी घमंड, दौलत की धौंस, अशिक्षा का अन्धकार, लाठी की अकड़, नफरत का नशा, रूढ़ि और परम्परा का बोझ—जनता की सामूहिक उन्नति के मार्ग में एक नहीं, अनेक रुकावटें थीं। मुसीबत के दिनों में बाहरवालों से तत्काल सहायता पाना जितना कठिन था, उससे भी कठिन

था सहायता में मिली हुई वस्तुओं और रकमों को सही जगहों तक पहुँचाना। स्वार्थी और लालची लोगों के सींग नहीं हुआ करते, न कोई खास किस्म का झंडा-पताका होता है उनका।

एक रोज रात के अँधेरे में मास्टर टेकनाथ एक पैकेट गंधक, पाँच पौंड वजन का नारियल के तेल का टिन, पाँच टिकिया नीम के साबुन की, और डॉक्टरी मरहम की दो-तीन डिबिया लेकर आया।

सुखदेव शाम की संध्या और पूजा से निबट चुके थे, छोटी भतीजी की तबीयत बहला रहे थे।

पूछा उन्होंने—क्या है, मास्टर?...बैठो!

कुछ नहीं, सुखदेव भाई!—मास्टर बैठ गया। बरामदे में चारपाई पहले से ही बिछी पड़ी थी।

छप्पर के बाँस से लालटेन लटक रही थी। साफ शीशे की उस मद्धिम रोशनी में सुखदेव ने टेकनाथ के चेहरे की तरफ गौर से देखा। चालीस से ऊपर का अधेड़ आदमी। खिचड़ी बाल। गोल मुखड़ा। गेहुँआ सूरत। गले के नीचे आधी बाँहोंवाली डोरिया कमीज थी। काली-पतली कोर की मैली धोती का छोर पैरों से बित्ता-डेढ़ बित्ता ऊपर ही लटक रहा था। छाती पर बाईं तरफ कमीज के पाकिट में मामूली क्लिपवाली पीली पेंसिल चमक रही थी। पैर खाली थे।

मास्टर ने लड़की को नजदीक बुलाया। अँगोछे में बँधा सामान थमाकर उससे कहा—अन्दर रख आओ, बिटिया! समझी!...

माथा हिलाकर लड़की ने हामी भरी। सुखदेव के सामने से बरामदे के छोर पर कोठरी की ओर जाने लगी, तो उन्होंने लपककर पकड़ा—देखूँ क्या है?

मास्टर ने मुस्कराकर कहा—आप इसे जाने दीजिए सुखदेव भाई, अभी-अभी मैं सबकुछ बताता हूँ आपको...जा बिटिया, रख आ। अँगोछा वापस लेती आना...समझी न!

लड़की अन्दर चली गई।

सुखदेव हथेली पर तम्बाकू-चूना मलकर सुरती तैयार कर रहे थे। टेकनाथ मास्टर चारपाई से उतरा, उनके करीब आकर बैठ गया और फुसफुसाकर बातें करने लगा।

हथेली पर सुरती तैयार होती रही। बातचीत के बीच दोनों के सिर हिलते रहे, आँखें फैलती-सिकुड़ती रहीं। विदेशी लालटेन के मद्धिम प्रकाश में दस-पाँच कीड़े हुलसते-झुलसते रहे।

लड़की खाली अँगोछा लेकर वापस आई कि टेकनाथ ने सुखदेव से सुरती लेकर निचले होंठ के हवाले की।

जाने लगा तो सुखदेव बोले—अरे, बैठो अभी!

—नहीं भैया, जरूरी काम है—मास्टर ने कहा।

—बाजार जाओ तो पंचांग लेते आना।

—कौन-सा?

—कोई भी।

—अच्छा, लेता आऊँगा।

थोड़ी देर बाद अन्दर खाने गए तो मामी ने सौगात की सारी वस्तुएँ सामने फैला दीं। दस-पाँच कौर ही मुँह के अन्दर डाले थे, बाजारू सामग्री की प्रदर्शनी निगाहों के आगे आ पड़ी, तो मुस्कराने लगे पंडितजी।

खाते समय बोलते नहीं थे। तनी भौंहों और फैली आँखों के जरिये आश्चर्य का भाव बिखेरते हुए प्रश्न की मुद्रा में सिर हिलाया—क्या है यह सब!

दुगुने विस्मय में मामी चिहुँक उठीं। कहा—टुनू के हाथों यह सब आपने ही तो भेजा था अभी! लाल रंग के अँगोछे में...

सुखदेव ने माथा हिलाकर स्वीकार किया और खाने लगे।

मामी के हाथ में पंखी आ चुकी थी। नजदीक बैठकर अब वह सुखदेव को हवा कर रही थीं। जरा देर बाद उन्होंने अपर्णा यानी बड़ी बच्ची को पुकारा—अप्पी, ओ अप्पी!

—अभी आई, मामी!—अपर्णा ने ऊँची आवाज में जवाब दिया। वह इस समय चाची से नेपाल के उनके अपने ग्राम-जीवन की बातें सुन रही थी। बीच में उठ जाना उसे बुरी तरह अखरा। लेकिन क्या करती?

मामी को बच्चे भी मामी ही कहते आए थे। सुखदेव को छोड़कर बाकी सबको वे भी 'तुम' या 'तू' ही कहकर संबोधित करतीं। सुखदेव चार साल बड़े और खटकर्मी पंडित थे, इसी से उनके लिए मामी के मुँह से 'आप' निकलता।

अपर्णा आई। मामी ने इशारे से बताया कि अपने चाचा के सामने फैली वस्तुएँ उठा ले जा। वह उन्हें आँचल में उठाने लगी तो चाचा ने बाएँ हाथ से संकेत किया—नहीं, अभी इन्हें नहीं उठाओ...जाओ, अपना काम करो।

अपर्णा वापस चली गई।

रसोईघर के बरामदे में पीढ़े पर बैठकर सुखदेव खाना खा रहे थे। सामने आँगन था। बरामदे के नीचे मुहल्ले का चौकीदार बैठा हुआ था—काला कुत्ता। खानेवाले के परिचित चेहरे की तरफ और भोजन-सामग्री की तरफ उसकी निगाहें गड़ी थीं। हमेशा की तरह उसे इस थाली के भात के आखिरी कौर का इन्तजार था।

मामी का दाहिना हाथ सहज गति में पंखी झलता रहा, चेतना थोड़ी देर के लिए कहीं और चली गई थी...कोई आकर कुछ दे जाए और घर के लोग बिना समझे-बूझे यों ही उसे ले लें, दुखमोचन के लिए यह बात बरदाश्त के बाहर थी। कुछ वर्ष पहले, पड़ोस के गाँव का कपड़ा-सौदागर सुखदेव पंडित को रेशमी छींटों का एक छोटा बंडल थमा गया था। चार रोज बाद दुखमोचन को पता लगा तो उन्होंने छींटें वापस भेज दी थीं। पिछले साल अकाल-निवारण समिति का एक सदस्य यहाँ के लोगों में सहायता का सामान बाँटने आया था। जाते-जाते ओवल्टीन और जमाए हुए दूध के दो छोटे डिब्बे छोड़ता गया। सुखदेव ने वह दूध भगवान को भोग लगाकर बच्चों में वितरित करना शुरू कर दिया। मालूम होने पर दुखमोचन ने भाई को कितना लताड़ा था! दुर्गा-पूजा के दिनों में गाँव के नौजवानों ने नाटक किया था। पीछे हुआ यह कि मुँह में लगाने का पाउडर काफी बच गया। मधुकान्त का भतीजा अपने लिए उसेछिपा रखना चाहता था। चचेरे भाइयों के डर से यहाँ अप्पी को चुपचाप थमा गया पाजी। टुनू ने चुगली खाई...पिता अपर्णा पर बहुत गुस्सा हुए। मामी को भी बातें सुननी पड़ीं...

तीन-चौथाई खाना खाकर सुखदेव ने पानी-भरा गिलास उठा लिया और ऊपर-ही-ऊपर मुँह में पानी डालने लगे। काशी के पढ़े पंडित थे, गिलास या लोटे में मुँह लगाकर पानी नहीं पीते थे।

गट-गट की हल्की आवाज आई तो मामी का ध्यान टूटा। थाली की तरफ देखा तो तरकारी नहीं थी।

भिगोए हुए अरवा चावल पिसवाकर पीठी तैयार करवाई थी और उसमें लपेटकर कचनार के फूलों के पकौड़े तले थे। दुखमोचन को ये पकौड़े बेहद पसन्द थे।

पंखी नीचे रखकर मामी उठीं, चार पकौड़े लाकर थाली में रख दिये। हाथ धो आईं तो बैठकर फिर पंखी झलने लगीं।

मिसरी की बुकनी मिलाकर गाय का दूध पीते थे, पाव डेढ़-एक। रात का खाना खाते ही कटोरा-भर दूध पी जाना उनका दस्तूर था। अप्पी दूध ले आई थोड़ी देर बाद, ऊपर से मिसरी की बुकनी छिड़क गई।

खाना खाकर सुखदेव ने दूध का कटोरा खाली किया। आचमन का पानी लेकर मौन तोड़ा—मास्टर टेकनाथ दे गया है यह सब...क्या-क्या है, देखा नहीं खोलकर?

मामी ने कहा—मैं नहीं जानती, यह आपका काम है।

कुत्ते के लिए डबल कौर भात मुट्ठी में लेकर सुखदेव उठे, खड़ाऊँ पहनकर बाहर गए। मुहल्ले का परिचित कुत्ता पहले से ही बैठा था, पीछे-पीछे गया। हाथ-मुँह धोकर वह अन्दर आए।

अँगोछे के छोर से हाथ-मुँह पोंछकर उन्होंने पैकेट खोला। अपनी कड़ी महक से गंधक ने मानो उनकी नाक तोड़ दी। मुँह बनाकर 'ऐ ऐ' करने लगे। टिकिया और मरहम सूँघे, तो उनसे गंधक की बू भभक उठी। नारियल के तेल का डिब्बा हथेली पर लेकर वजन का अन्दाज लिया तो आँखें फैल गईं। बोले—दो सेर से कम तो क्या होगा! क्यों, अप्पी?

अपर्णा कुछ क्षण पहले ही आकर नजदीक खड़ी थी। मुस्कराकर कहा—हाँ, चाचा; दो सेर तो जरूर होगा।

मामी कुछ नहीं बोलीं। अपर्णा ने हाथ आगे बढ़ाया—लाइए, देखूँ। कहाँ का है? कलकत्ता का या बम्बई का?

सुखदेव ने तेल का डिब्बा अप्पी को थमा दिया। मामी की तरफ मुँह करके कहने लगे—हमारे बबुअन दुनिया-भर के लिए तो सचमुच दुखमोचन हैं, किन्तु अपने परिवार में किसे क्या कष्ट है, इसकी उन्हें रत्ती-भर परवाह नहीं! फुंसियों के मारे समूचा बदन सड़ गया है, मेरा भी और बहू का भी। देखती हो न!

मामी अब भी चुप रहीं।

वह सफेद फाइन साड़ी पहने हुए थीं, उनका सुर्ख और चौड़ा किनारा लालटेन की मधुर-मद्धिम रोशनी में खूब ही चमक रहा था। साँवले चेहरे पर उनकी बड़ी-बड़ी आँखें भी खूब चमक रही थीं।

साड़ी की बँधी खूँट खोलकर मामी ने एक इलायची निकाली। सुखदेव ने हाथ बढ़ाकर उसे ले लिया। छिलका छुड़ाते हुए अपर्णा की ओर देखा और दाने मुँह में डाल लिए।

अपर्णा तेल के डिब्बे पर छपा हुआ विवरण बाँच रही थी जो कि चार लिपियों और भाषाओं में अलग-अलग छपा था। हिन्दीवाला विवरण पढ़कर उसने डिब्बा बरामदे पर रख दिया और बोली—बड़ा अच्छा तेल है।

सुखदेव ने कहा—अपनी चाची को समझा दो कि इस तेल में गंधक मिलाकर लगाएँगी तो चार ही दिन में खुजली भाग जाएगी। साबुन की टिकिया भी तो है। यह नीम का असली साबुन होगा...दो हैं, एक वे लगाया करेंगी...

—और दूसरी आप!—चाचा के मुँह की बात छीनकर भतीजी बोल उठी।

साबुन की एक टिकिया और मरहम की एक डिबिया लेकर सुखदेव बाहर बैठकखाने की तरफ जाने लगे तो अप्पी से कहा—बाकी यह सब सँभालकर रखना!

चाचा बाहर निकले तो भतीजी ने छोटी चाची को पुकारा—अरे, आकर देखो भी तो!

मामी ने मुँह बनाकर अपर्णा की तरफ देखा और कहा—बाप को नहीं पहचानती है? आने तो दे उन्हें...

अपर्णा सचमुच ही बाप को नहीं पहचानती थी। सुखदेव भी भाई को नहीं पहचानते थे। छोटी बहू भी नहीं पहचानती थी उन्हें। बस मामी ही दुखमोचन के मर्म की बातें जानती थीं, और कोई नहीं जानता था उन्हें।

अपर्णा और बहू खा-पीकर सो गईं। मामी ने सिर-दर्द का बहाना करके खाना नहीं खाया। चटाई और तकिया बरामदे में डालकर लेट रहीं। बत्ती कम करके लालटेन को अन्दर रख लिया गया था।

दुखमोचन लौटे तो रात डेढ़ पहर ज्यादा हो गई थी। दस बजेवाली ट्रेन

उत्तर की तरफ जा चुकी थी। दालान के सामने बाहरी आँगन में झंडे के बाँस के करीब वही काला कोतवाल बैठा था। गर्दन ऊँची करके पूँछ को बार-बार हिला-डुलाकर उसने उनकी अगवानी की। आगे बढ़ते ही तरुण हरसिंगार की हँसती-खेलती टहनियों ने अपनी ताजा खुशबू से उन्हें मस्त कर दिया। भीतरी आँगन के प्रवेश-द्वार पर दाहिनी ओर वह भी पहरेदार की तरह ही लग रहा था।

आहट पाते ही मामी उठीं, बत्ती तेज करके लालटेन ले आईं घर से। दुखमोचन ने जूते खोलकर कुर्ता उतारा। कुर्ता मामी को थमाकर बनियाइन निकाली। उसे नाक के करीब लाकर चटाई पर फेंक दिया और बोले—दिन-भर पसीना निकलता रहा, आधा आसिन बीत चला फिर भी उमस कम नहीं हुई...

मामी ने पीढ़ा लाकर रख दिया। दुखमोचन बैठ गए।

दिन-भर की थकान ने चेहरे की ताजगी चाट ली थी—राहु की छाया जिस तरह चाँद की ताजगी चट कर जाती है।

मामी पंखे से उन्हें हवा करने लगीं। कहा—नहाने की जरूरत नहीं, अँगोछा भिगोकर समूची देह पोंछ लेना! बस...

—नहीं, मामी—दुखमोचन ने कहा—नहाऊँगा तो अवश्य।

मामी बोलीं—मौसम है बुखारों का, कब कैसे किसको बिस्तर पकड़ना पड़े, कोई ठीक नहीं।

—सब ठीक है, मामी!

दुखमोचन सुबह तो नहाते ही थे, रात को भी अक्सर नहाते थे। इस मामले में मामी की हिदायत का बाँध बीच-बीच में टूटता रहता था।

दाढ़ी की खूँटियाँ इस कदर उभर आई थीं कि मामी की निगाहों में बुरी तरह गड़ती थीं। मन-ही-मन मामी ने अपने-आपसे कहा—आज भी इन्हें हजामत बनवाने की फुरसत नहीं मिली...फिर उन्हें हज्जाम पर गुस्सा आया कि हफ्ता-हफ्ता गुजर जाता है, समय पर कभी नहीं आता, पाजी कहीं का!...सेफ्टीरेजर पड़ा है मुद्दत से, उसको नहीं छुएँगे। साँप है, डस नहीं लेगा!

गेहुँआ सूरत के गोल गालों पर काली खूँटियाँ सचमुच भद्दी लग रही थीं। मामी के जी में आया कि आईना लाकर हाथ में थमा दें। लेकिन इस वक्त उन्होंने कुछ नहीं कहा। चुपचाप हवा करती रहीं।

पन्द्रह-बीस मिनट तक जुड़ा लिए तो दुखमोचन उठकर बाहर आए। धोती, अँगोछा और लोटा लेकर मामी पीछे-पीछे आईं।

डोल-डोरी हमेशा कुएँ के जगत के पास ही रखी रहती थी। दो गज लम्बा और एक गज चौड़ा पटरा बना था सीमेंट का, जिस पर बैठकर लोग नहाते थे; कपड़े पछीटते थे।

दुखमोचन बैठ गए पटरे पर, मामी कुएँ से पानी भर-भरकर डोल थमाती गईं। दस-बारह डोल पानी बदन पर डालकर नहाना हुआ।

कपड़े बदलकर धोती पछीटकर अन्दर आए। खाना खाया।

मामी ने जान-बूझकर अभी उनसे मास्टर टेकनाथवाली बात नहीं बताई कि कहीं नींद में अड़चन न आ जाए।

टुनू रात को आठ बजे ही सो जाती थी और तड़के उठती थी। उठकर पिता के बिस्तर पर पहुँचती। आधा घंटा, पाव घंटा तक उनसे बात करती और खेलती। जिस रोज ऐसा नहीं होता, उस रोज वह दिन-भर उदास रहा करती या चाची और बहन से लड़ती रहती।

मामी बारहों महीने सुबह-सुबह नहा लेतीं। उसके बाद पिंडी की शकल में स्थापित कुलदेवी दुर्गा की पूजा करतीं। फिर अपनी इष्टदेवी 'काली' का एक अक्षरवाला बीज मंत्र 'क्लीं' जपती थीं, हजार बार। आखिर में एक-एक अध्याय चंडी और गीता। अपने इस नित्य-कर्म में एक घंटा समय उनका जाता था।

अगले दिन वह खूब सवेरे सोकर उठीं। नहा-धोकर पूजा-पाठ से निबट चुकीं तब भी अभी सूरज नहीं निकला था।

दुखमोचन टुनू से बातचीत कर रहे थे।

लड़की ने कल भालू का नाच देखा था। मामी चुपचाप अन्दर आईं तो वह नाच की नकल उतार रही थी...ढब्बर ढब्बर ढब्बर ढब्बर! थइया थइया थइया! ढम-ढमाक्! ढब्बर ढब्बर ढब्बर...

दुखमोचन लेटे-लेटे ही यह सब देख रहे थे। नकल दिखानेवाली टुनू के लिए उन्होंने आधे से अधिक पलंग छोड़ दिया था, खुद एक तरफ हटकर पलंग की पट्टी से सट गए थे। लड़की ताली पीट-पीटकर भालू के नृत्य का अभिनय कर रही थी। पिता की प्रसन्न मुख-मुद्रा से उसका उत्साह दुगुना हो गया था।

मामी को किसी ने नहीं देखा। वह ठिठककर खड़ी रह गईं। क्षण-भर को उनका भी चेहरा इस दृश्य से खिल उठा। उन्हें अपना बचपन याद आ गया। वह भी अपने बाप की ऐसी ही लाड़ली थीं कभी; उन्हें भी नाच-गाना, स्वाँग-थिएटर का भारी शौक था।

दो मिनट तक मामी प्रतिमा-सी खड़ी रहीं—भीत से सटकर, कि नाच की भाव-भंगिमा में कुलाँच खाकर टुनू ने उन्हें देख लिया। आँखें चार होते ही बेचारी शरमा गई। दुखमोचन ने गर्दन फेरकर नजर मारी तो मामी को मुस्कराते पाया। फिर तो दोनों भभाकर हँस पड़े।

लाज के मारे लड़की भाग गई।

थोड़ी देर तक हँसते रहे।

तब मामी ने रातवाली बात बताई। दुखमोचन का चेहरा बेहद गम्भीर हो उठा।

काफी देर तक उनके मुँह से एक शब्द भी नहीं निकला तो मामी बोलीं—आज हजामत कहीं जरूर बनवा लेना!

ऊँ:—अनमने स्वर में दुखमोचन ने कहा और कान पर जनेऊ चढ़ाया।

लोटा और कन्धे पर अँगोछा। बाहर निकले, मामी भी घर से बाहर आईं। पीछे मुड़े बिना ही बोले—सारी चीजें अलमारी में रख लो। देखना इनका इस्तेमाल न होने पावे।

बाहर कुएँ के नजदीक, सीमेंट के पटरे पर बैठकर सुखदेव इमली की टहनी की दाँतुन से दाँतों को घिस रहे थे। दुखमोचन ने भाई की ओर देखा तक नहीं। डोल से पानी ले लिया। सीधे पूरब की तरफ चल पड़े।

आसिन का साफ-सूफ नीला आसमान बड़ा ही सुहाना लग रहा था क्योंकि धूप नहीं चढ़ी थी अभी। हरी-ताजी दूबों के नुकीले सिरे ओस की बूँदों के बोझ से झुके क्या थे, एक-एक मोती को कैद किये हुए इठला रहे थे।

दूर तक धान के खेत फैले थे। खिलती मंजरियाँ हरियाली एकरसता को खत्म कर रही थीं। ओस के भीगे पत्ते यहाँ तेजी से चमक रहे थे। मेंड़ों पर से दुखमोचन आगे बढ़ते गए।

खेत खत्म हुए तो बाँसों का जंगल आया, फिर अमराई।

अमराई में घुसे तो नदी के किनारे जा निकले। काँस के सफेद फूलों की बाढ़ देखकर तबीयत मानो धुल ही गई।

यह जीवछ की शाखा-नदी थी, अपना कोई स्वतंत्र नाम नहीं था। चौमासे में फूल उठती थी, बाकी ऋतुओं में तो नहाने लायक भी पानी नहीं होता था। किनारे के गाँवों में किसान जगह-जगह इसकी धारा को बाँध लेते थे और सूखा के दिनों में करीन या कूँड़ लगाकर पानी उठाते थे।

दुखमोचन ने दिशा-फरागत से निबटकर नदी के पानी में हाथ-मुँह धोए, जामुन की टहनी से दातुन किया और लौट आए।

नहा-धोकर नाश्ता किया। धुली बनियाइन और कोकटी रंग का कुर्ता डालकर निकल पड़े।

नित्याबाबू गाँव के सबसे धनी व्यक्ति थे। उम्र पचपन और साठ के अन्दर थी। आधुनिक ढंग का पक्का दुमंजिला मकान पहले-पहल उन्होंने तैयार करवाया था। सोलह जंगले, आठ दरवाजे! बड़े-बड़े चार कमरे! लोहा और सीमेंट का खुलकर उपयोग हुआ था। शोहरत थी, दस हजार रुपये नकद लगे थे। लोगों ने ग्रामोफान पहले-पहल उन्हीं के दालान पर सुना था; पिछले वर्ष से रेडियो भी बज रहा था। पोता विलायत गया था बैरिस्टर बनने। छोटे लड़के की शादी हुई तो बाईस हजार का तिलक चढ़ा। पोती का ब्याह हुआ तो पन्द्रह हजार गिने थे।

दुखमोचन पहुँचे तो नित्याबाबू मुलायम चटाई पर पेट के बल लेटे हुए थे। नौकर मालिश कर रहा था। लाल और पीले तेलों की दो शीशियाँ रखी थीं। नाश्ते की तश्तरी और चाय की जूठी प्याली पर मक्खियों के झुण्ड जमा थे। अंग्रेजी दैनिक के पेज अलग-अलग पड़े थे।

—आओ दुखमोचन!—नजर पड़ते ही नित्याबाबू ने कहा।

दुखमोचन खाली कुर्सी पर बैठे और हालचाल पूछा।

हालचाल सुनकर नित्याबाबू ने नौकर को चाय लाने की हिदायत दी और उठ बैठे।

धीमी आवाज में बोले—बुलाया इसलिए कि बहुत दिनों से मुलाकात नहीं हुई थी तुमसे। आजकल व्यस्त रहते हो। दुनिया-भर की फिकर तुम्हें सताती है। अरे, कुछ हम बुड्ढों की भी फिकर रखो, दुखन!

दुखमोचन समझ नहीं पा रहे थे कि बाबू नित्यानन्द ठाकुर के पेट में क्या है। बिना किसी खास मतलब के तो उन्हें याद नहीं आई होगी दुखमोचन की।

नित्याबाबू के स्वर एकाएक हमदर्दी में डूब गए—भले तो तुम कलकत्ता में थे। ओह, कितना कमाते थे! कैसे सलीके से रहा करते थे। सिल्क का कुर्ता, नफीस धोती और कीमती जूते पहनकर जब तुम गाँव में निकलते थे तो हमारा सीना तन जाता था...अरे, तुम्हें यह क्या सूझा है कि नौकरी छोड़कर...

दुखमोचन को फिजूल लगीं यह बातें। कहा—अजी छोड़िए, इस पुराने पचड़े में अब क्या रखा है? चाचाजी, कोई काम की बात कीजिए।

क्षण-भर के लिए रुककर भी नित्याबाबू ने छोड़ा नहीं। हमदर्दी और गहरी हो आई—बेटा, अभी तेरी उमर ही क्या है। मैंने तो पैंतालीस वर्ष की उम्र में तीसरी शादी की थी। किस चीज़ की कमी है? भगवान ने क्या नहीं दिया है तुझे! जवानी के जोश में अभी तो नहीं अखरेगा मगर बुढ़ापा आने पर...

दुखमोचन इस बकवास से उकता उठे तो प्रसंग बदलना चाहा।

चक्रपाणि गत दो वर्षों से लन्दन में कानून की पढ़ाई कर रहा था। नित्याबाबू को अपने पोते की विदेश-यात्रा का भारी गुमान था और जब कभी कोई इस बात की चर्चा छेड़ देता तो उनके पोपले गाल खौलते तेल में पकते गुलगुलों की तरह ऊपर-नीचे होने लगते। वह देर तक चक्रपाणि की खूबियों और सम्भावनाओं पर प्रकाश डालते रहते। दुखमोचन को यह मालूम था।

यों ही दुखमोचन ने कहा—चाचा, लन्दन में आजकल बड़ी अशान्ति है। जहाजी मजदूर हजारों की तादात में हड़ताल करनेवाले हैं, समूचा शहर उनका साथ देगा...चक्रपाणि का खत-वत आया है न?

निताई बाबू के मन ने झटका खाया। आशंका और आश्चर्य में भरकर बोले—कहाँ? अखबारों में इस तरह की एक भी खबर कहाँ आई है, दुखमोचन? तुम्हें यह कैसे मालूम हुआ?

—मुजफ्फरपुर के एक लड़के ने अपने पिता को लिखा है।

—मगर बच्चाबाबू ने तो किसी को कुछ नहीं लिखा है।

—शायद आनेवाले पत्र में लिखेगा।

—हुँ...

अब कुछ देर तक चक्रपाणि की बातें होती रहीं। इस बीच चाय आई तो दुखमोचन ने प्याले को खाली किया।

आखिर नित्याबाबू अपने मतलब पर पहुँचे। कहा—गेहूँ आनेवाला है, कैसे क्या होगा उसका?

तो यह बात है, दुखमोचन ने सोचा, मुफ्त का गेहूँ चाहिए इनको! इसलिए हमदर्दी की पिचकारी छोड़ रहे थे!

—पता नहीं कब तक आएगा?—जवाब में दुखमोचन बोले और नित्याबाबू की बदलती निगाहों को तोलने लगे।

—कहाँ रखा जाएगा उतना गेहूँ? अपने-आप बुड़बुड़ाए नित्याबाबू। एकाएक उठकर खड़े हुए और दुखमोचन का कन्धा थपथपाया। फुसफुसाकर कहा—आधा अनाज लोगों में तत्काल बाँट देना और आधा तुम अपने घर में रख लेना...

दुखमोचन उठकर खड़े हो गए। भौंहें तन रही थीं, चेहरा सिकुड़ रहा था।

नित्याबाबू की सधी नजरों ने यह भावान्तर ताड़ लिया। हँसकर बोले—पागल कहीं के! अमानत के तौर पर सौ-दो सौ मन गेहूँ अगर तुम्हारे घर में पड़ा रहेगा तो क्या बुरा है? समय-समय पर लोगों को मिलता रहेगा न?

दुखमोचन खड़े-खड़े न जाने क्या सोचते रहे। पता नहीं, नित्याबाबू के हितोपदेशी सूत्र उनके अन्दर धँस रहे थे या नहीं! लेकिन उनकी चुप्पी से उत्साहित होकर नित्याबाबू कहने लगे—बाढ़ और अकाल के संकटों का शिकार, बताओ कौन नहीं है! कौन है जिसे गेहूँ नहीं चाहिए? कहे तो कोई छाती पर हाथ रखकर...

पान की सीठी दबी पड़ी थी मुँह के अन्दर। उसे थूककर नित्याबाबू ने गला साफ किया। अब उन्हें लगा कि दुखमोचन पर इन बातों का रत्ती-भर भी असर नहीं पड़ा। फिर उन्होंने आखिरी तीर छोड़ा—साँवा-कोदो और मकई-मड़ुवा ही जिनके लिए सबसे अच्छी किस्म का अनाज ठहरा, उन्हें गेहूँ देना बेकार होगा। वे ले तो लेंगे, लेकिन मिट्टी के भाव सारे दाने बेच डालेंगे। घूम-फिरकर सहायता का वह गेहूँ सही जगहों पर आ ही जाएगा। विधाता ने गेहूँ और धान सबके लिए थोड़े ही सिरजे हैं?

ठीक, बिलकुल ठीक, चाचा!—मन को काबू में करके दुखमोचन ने कहा और हँस पड़े।

नित्याबाबू ने झुककर स्टूल पर से चाँदी की डिब्बी खोली। दो बीड़े पान के निकाले। एक दुखमोचन की तरफ बढ़ाया और दूसरा अपने मुँह में डालकर जर्दा की छोटी शीशी आगे कर दी; आँखों से इशारा किया—लो!

दुखमोचन ने चुटकी-भर जर्दा ले लिया और विदा हुए।

नित्याबाबू ने पीछे से कहा—माघ में मुन्नी का गौना होगा, पाँच-सात मन गेहूँ चाहिए...

अटक गए नित्याबाबू फिर; दुखमोचन खुले नहीं, न पीछे मुड़कर देखा ही।

लेकिन नित्याबाबू से नहीं रहा गया; ऊँची आवाज में कहा—तुम्हारा ही भरोसा है, दुखमोचन! इस बुड्ढे को भूलना नहीं, बेटा!

दुखमोचन क्षण-भर के लिए ठिठक गए, मुड़कर पीछे देखा। उसी तरह ऊँची आवाज में कहा—मैं भला आपको भूलूँगा? कभी नहीं! कभी नहीं!

—खूसट कहीं के!—बुड़बुड़ाए दुखमोचन और अभी-अभी जो जर्दा पान मुँह के अन्दर डाला था, उसे थूककर आगे बढ़ गए।

तीन

कंचन का छोटा दालान लोगों से ठसाठस भरा था।

यह गाँव का वह हिस्सा था जो बेहद घना था और जहाँ कड़ी मेहनत-मजदूरी करके गुजारा करनेवाले लोग रहते थे। ये कई जातियों के थे। अच्छी हैसियत के थोड़े ही परिवार थे इनमें। भूमिहीनों की ही तादाद ज्यादा थी।

चार सौ मन गेहूँ आया था। हो तो गई थी देर, फिर भी इस गल्ले की जरूरत थी।

तख्तपोश पर दुखमोचन बैठे थे। वेणीमाधव के सामने कापी थी, पेट के बल झुककर फाउंटेनपेन से वह कुछ लिख रहा था। मधुकान्त तख्त से सटी भीत से उठँगकर खैनी मल रहा था।

आसपास कंचन, चुल्हाई, गोनौड़, कन्हाई, राधे, परमेसर, सनीचर आदि बैठे थे। इधर-उधर पचासों जने खड़े या बैठे दुखमोचन और वेणीमाधव की ओर देख रहे थे। जुलाहों के टोले-मोहल्ले से रहीम और लतीफ आए हुए थे। चमारों की बिरादरी के बूढ़े बौधू चाचा मौजूद थे।

दो-ढाई घंटे की माथापच्ची के बाद फेहरिस्त तैयार हुई थी। वेणीमाधव

अब उसे अलग कापी में उतार रहा था।

फी परिवार आधा मन के हिसाब से दो सौ सत्तर परिवारों को एक सौ पैंतीस मन; दस-दस सेर के हिसाब से नौ सौ परिवारों को दो सौ पच्चीस मन; एक-एक मन के हिसाब से पच्चीस परिवारों को पच्चीस मन; कुल जमा ग्यारह सौ पचानवे परिवारों में तीन सौ पचासी मन अनाज तकसीम किया जानेवाला था।

पूरी लिस्ट तैयार करके वेणीमाधव ने कापी दुखमोचन को थमा दी। देर से बैठा था, जोरों की पेशाब लग आई थी; दालान से बाहर निकल आया।

दुखमोचन ने पेंसिल से दो-एक जगह जाने क्या ठीक-ठाक किया। लोगों की तरफ इधर-उधर निगाहें घुमाकर बोला—भाइयो, फेहरिस्त तैयार करना झंझट का काम होता है। आप सबकी मदद न मिली होती तो भारी दिक्कत का सामना करना पड़ता। अब यह तैयार है, सुनिए...

पूरी लिस्ट बाँचकर दुखमोचन ने सुना दी। इस बीच वेणीमाधव अपनी जगह पर आ चुका था और एक बार फिर मद्धू की बाईं हथेली पर सुरती तैयार हो गई थी।

—क्यों, ठीक है न?—दुखमोचन ने लोगों से पूछा।

बौधू चाचा की आँखें फैल गईं। उसने लतीफ की ओर देखा। वह पास ही खड़ा था।

अपनी उँगली से बौधू की बाँह गोदकर भौंहों के इशारे से मालूम करना चाहा—क्या है?

बिना दाँतोंवाले पोपले मुँह के अन्दर बूढ़े की जीभ चंचल हो उठी, मगर होंठ यों ही खुले रहे। शब्द एक भी नहीं निकला।

लतीफ बोला—बोलेगा सो नहीं होता है, बस अन्दर-ही-अन्दर जीभ नचा रहा है!

—बोलो! बोलो!—एकसाथ कई आवाज़ें उठीं।

बौधू दुखमोचन की तरफ गौर से देखने लगा। उन्होंने हाथ के इशारे से बढ़ावा दिया—कहो, क्या कहना है?

—सरकार!—बौधू ने मानो बड़ी मुश्किल से कहा—दू ठो नाम छूट गया है, सरकार!...

वह फिर चुप हो गया, दुखमोचन का ध्यान फेहरिस्त के उस अंश पर भागा जहाँ चमार भाइयों के नाम आए थे।

बूढ़ा ज़रा देर तक चुप रहा तो दुखमोचन ने अपनी आँखों के इशारे से उसे वे नाम बतलाने के लिए उत्साहित किया।

बौधू ने कहा—मालिक, एक ठो नाम बुधनी का छूट गया है; दूसरा नाम छूटा है झिंगुर का...

दुखमोचन मधुकान्त और वेणीमाधव की तरफ देखने लगे, उन दोनों की निगाहें रामसागर पर जा अटकीं। रामसागर और कंचन पर चमारों की बिरादरी में से अकाल-पीड़ितों का पता लगाने की जिम्मेदारी सौंपी गई थी। उन्होंने पाँच नाम दिये थे।

रामसागर ने डपटकर बौधू से पूछा—कौन बुधनी?

—मोसम्मात है, बीमार रहती है बेचारी! आगे-पीछे कोई नहीं है उसके...

फिर उसने सोमना से पूछा—क्यों रे, जानता है तू बुधनी को?

चौड़े चेहरे का बादामी आँखोंवाला एक साँवला नौजवान सामने आकर बोला—परसों तक तो वह थी नहीं, कहीं चली गई थी, सागर बाबू!

इस पर बौधू ने कहा—चिलबिल की बेवा है हजूर, भूख के मारे नहीं रहा जा सकता है तो हाट-बाजार की तरफ निकल जाती है और चार-चार, छः-छः दिन बाद लौटती है।

—अच्छा झिंगुर कौन है? दुखमोचन ने पूछा।

सोमना ने कहा—नदी के पार लखनौली में चरवाहे का काम करता है बाबू!

—जी हजूर, टूगर है। न माँ है उसके, न बाप...

बौधू ने लड़खड़ाती जीभ से समर्थन किया।

पाँच सेर अनाज पानेवालों में बुधनी का नाम दर्ज कर लिया गया। झिंगुर के लिए इसकी कोई आवश्यकता नहीं समझी गई।

दुखमोचन ने पूछा लोगों से—अब तो ठीक है न?

—ठीक है, ठीक है!—एकसाथ ही बहुत-सी आवाजें उठीं।

दालान में भीतर की खूँटी से मृदंग टँगा था। एक छोकरे ने देर की चुप्पी

और स्थिरता से ऊबकर उसे थपथपा दिया तो दुखमोचन भभाकर हँस पड़े। मधुकान्त, वेणीमाधव और रामसागर ने भी साथ दिया। फिर तो करीब-करीब सारे ही हँस पड़े।

कंचन की बहन बाल्टी में गुड़ का शरबत ले आई। पहला लोटा भरकर उसने दुखमोचन को थमाया।

दो घूँट पीकर वह बोले—शाबाश चमकी! क्या बढ़िया शरबत बनाया है! काली मिर्च और सौंफ पीसकर डाल दिये हैं। वाह री बहिनिया!

अपने शरबत की प्रशंसा सुनकर चमकी का चेहरा खिल उठा। मुस्कराकर बोली—तुम्हें खिलाने-पिलाने को भला क्या है हमारे पास, भइया? पानी भी तो पराया ही लाई हूँ!

सचमुच कुआँ काफी दूर था। इधर के दो सौ परिवारों के बीच दो छोरों पर दो कुएँ पड़ते थे। पिछले चालीस-पचास वर्षों में आबादी काफी बढ़ी थी। दो कुएँ और होते तो ठीक थे।

दुखमोचन ने दूसरा लोटा नहीं लिया। मद्धू, वेणी और रामसागर ने भी बारी-बारी से शरबत पिया।

फिर एक-एक टूक सुपारी मिली चारों को।

दुखमोचन दालान से निकल आए और ऐलान किया—दोपहर बाद अपना-अपना अनाज ले आना!

सभी के चेहरे खुशी में दमकने लगे।

कंचन बोला—मैं बाजार जा रहा हूँ।

—चमकी तो रहेगी न?—वेणीमाधव ने पूछा।

माथा हिलाकर आहिस्ता से उसने जवाब दिया—हूँ!

अगले ही क्षण कंचन का दालान सूना पड़ गया। लोग अपने-अपने घर की और चले गए थे।

मधुकान्त और रामसागर कुछ दूर तक साथ आकर दुखमोचन ओर वेणीमाधव से अलग हो गए।

ये दोनों एक तरफ के रहनेवाले थे।

चलते-चलते दुखमोचन ने पूछा—तुम्हारी खुजली का क्या हाल है, वेणी?

अब ठीक है, दुखन भैया!

दुखमोचन ने पीछे घूमकर देखा। सचमुच चकत्ते सूख गए थे और वेणी का बदन चिकना हो गया था। बस, सूखी खाल के हल्के छिलके भुस की तरह यहाँ-वहाँ दिखाई दे रहे थे।

बोले—भैया की भी खारिश छूट चली है, जोगी की अम्मा को भी आराम है।

—सबको आराम है, दुखन भैया!—वेणी ने कहा—गंधक का मलहम बैदजी ने इतना अच्छा तैयार किया है कि कुछ न पूछो! गंधक और नारियल का तेल तुम्हारी कृपा से आ ही गया था, ऊपर से बैदजी ने भी अपनी तरफ से उसमें कोई बूटी डाल दी थी।

दुखमोचन बोले—वह कोई मामूली बैद थोड़े ही है! आयुर्वेद की आचार्य-परीक्षा में अव्वल आया था। सोने के दो तमगे मिले थे। चीर-फाड़ की डॉक्टरी ट्रेनिंग भी ले रखी है। छोटानागपुर इलाके की किसी बड़ी डिस्पेन्सरी का इंचार्ज है। पता है, कितना पाता है?

वेणी ने इनकारी मुद्रा में सिर हिला दिया।

—दो सौ!

—मगर उसके अपने गाँव में लोगों की अच्छी राय नहीं है उसके बारे में। यह क्या बात है, दुखन भैया?

दुखमोचन को हँसी आ गई। मुँह से निकला—घर की मुर्गी दाल बराबर!

आगे वेणीमाधव का छोटा भाई मिला। उसने दुखमोचन को बताया कि लोगों में अजीब-अजीब अफवाहें फैल रही हैं।

दुखमोचन क्षण-भर के लिए रुक गए। पूछा—एक-आध बता भी दो, जयमाधव!

जयमाधव बीस-बाईस का नौजवान था, एक आँख का भैंगा। मुँह से लफ्ज जल्दी-जल्दी निकलते थे। तैश में आकर बोलता तो लगता कि भाड़ में मक्के डाल दिये हैं और अब खीलों का फूटना फटाफट शुरू हो गया है।

उसने बताया—पहली अफवाह है कि यह गेहूँ ऐसे हैं कि मशीन से इनका सत निचोड़ लिया गया है। गेहूँ नहीं, गेहूँ की सीठी हैं यह! दूसरी अफवाह है

कि जो भी कोई गेहूँ लेगा, उसे जबरन कोसी नदी के किनारे ले जाएँगे; अफसर लोग उससे महीनों बिना मजदूरी के काम लेंगे। तीसरी अफवाह है कि अगले साल सरकार चार गुना ज्यादा अनाज वसूल कर लेगी...

पतली मूँछोंवाले होंठ खिल उठे। दुखमोचन की मुस्कराहट बड़ी प्यारी लगती थी लोगों को। जयमाधव उनकी तरफ देखता रहा कि मुसकान के पीछे क्या छुपा है।

लेकिन वह मुस्कराकर ही रह गए, बोले एक शब्द भी नहीं।

वेणीमाधव का मकान करीब था, वे दोनों भाई उधर गलियारे में मुड़ गए।

मन-ही-मन नित्याबाबू की इन कमीनी हरकतों को कोसते हुए दुखमोचन घर पहुँचे, तो सूरज ठीक ऊपर आ चुका था।

सुखदेव खा-पीकर लेट चुके थे। यह उनका दैनिक दस्तूर था। वज्र गिरे चाहे आग लगे, धरती पर ओले बिछ जाएँ चाहे बादल टूट पड़ें, सुखदेव बाबू दिन का खाना खाकर दो घंटे सोएँगे जरूर!

मामी ने धीरे से कहा—बस, इतनी जल्दी लौट आए? और काम नहीं था?

मुस्कराए दुखमोचन, कहा नहीं कुछ।

उत्तरवाले घर के बरामदे पर दो चटाइयाँ बिछी थीं। पाँच गज लम्बा लाल कपड़ा उन पर फैला हुआ था। अपर्णा और पद्मा कैंची लेकर सफेद कागज से बड़े-बड़े अक्षर तैयार कर रही थीं। पास ही कड़ाही में लेई रखी थी।

घर के अन्दर घुसना था दुखमोचन को; पूछ लिया—क्या हो रहा है, अप्पी?

बड़ी-बड़ी आँखें पिता के चेहरे पर जमाकर अपर्णा ने कहा—दुर्गा-पूजा में अबकी बाहर के मेहमान आनेवाले हैं न! मेहराब बनेगा, उस पर लाल कपड़ा टाँगा जाएगा, बापा!...

—अच्छाऽऽ!

—हाँ, चाचाजी!—पद्मा ने सहेली का समर्थन किया।

दुखमोचन क्षण-भर के लिए घर के अन्दर गए; कुर्ता खोलकर खूँटी पर टाँग आए। जोरों की भूख लगी थी। सवेरे चिउड़ा-दही और चीनी का नाश्ता करके निकले थे, अब पाँच घंटे बाद पेट बिलकुल खाली था।

रसोईघर के बरामदे पर खाने बैठे। मामी पंखी लेकर हवा करने लगीं। दस-बारह कौर खाकर आधा गिलास पानी पिया और सामनेवाले दूसरे बरामदे पर पद्मा की तरफ देखा।

पद्मा का बड़ा भाई मिहिरकुमार कॉलेज में पढ़ता था। नाटक में अभिनय करने का तो शौक था ही, कविता और कहानी लिखने का भी शऊर था उसमें। शशिकांत, नवकुमार, अमलेंद्र, प्रज्ञाकर, रविनाथ, मिहिरकुमार...यही चार-छः नौजवान तो थे जो कॉलेज में पढ़ रहे थे। गरमी और दुर्गा-पूजा की लम्बी छुट्टियों में जब ये लोग आ जुटते तो कुछ-न-कुछ इनका अपना प्रोग्राम चला करता।

अभी-अभी अपर्णा ने कहा था, बाहर के मेहमान आ रहे हैं। दुखमोचन की समझ में नहीं आ रहा था कि यह कैसा खेल लड़के रचानेवाले हैं। क्या करेंगे मेहमान यहाँ आकर? इस बार तो नाटक की भी कोई तैयारी नहीं नजर आ रही थी। उन्होंने चाहा कि चुपचाप खाना खा लें और घंटा-आधा घंटा पलंग पर पीठ टिकाकर आराम करें। लेकिन नहीं, नहीं रहा गया।

खाते-खाते बार-बार अपर्णा और पद्मा की ओर देखने लगे। मामी ने बड़े जतन से मसाला भरकर करेले तले थे। आज दुखमोचन ने न तो करेलों की प्रशंसा की, न दुबारा माँगा ही। उनका ध्यान ही नहीं था इस ओर। मामी को ताड़ते देर नहीं लगी। छोकरियों पर गुस्सा चढ़ रहा था कि जाने क्या कह दिया है इनसे। पंखीवाला हाथ ठुड्डी से अड़ाकर पूछा—करेले अच्छे नहीं बने, बबुअन?

—बहुत अच्छे हैं, मामी!—दुखमोचन जैसे-तैसे बोले तो आत्मा ने कहा, क्यों ठगते हो बेचारी को! साफ-साफ बतला दो कि नहीं मालूम, कैसे बने हैं करेले और कैसी बनी है दाल...

—और ला देती हूँ—मामी करेले लेने गईं।

दुखमोचन ने पद्मा से पूछा—कौन-कौन आनेवाले हैं बाहर से, बेटा?

—भैया से मालूम करके बताऊँगी।

—तुम्हें पता है, अप्पी?

—नहीं, पिताजी। हम तो सिर्फ भोलंटियर हैं इन लोगों के। काम बेशक लाद दें, बात एक भी नहीं बतलाएँगे।

—हाँ चाचाजी, हमसे काम-ही-काम लेते हैं...

दोनों हँसने लगीं। दुखमोचन भी मुस्कराए।

थाली में दो करेले और कटोरे में दाल डाल दी मामी ने। कहा—कौन आनेवाले हैं? कौन आनेवाले हैं? अरे, तुम्हारे दादा-परदारा तो नहीं आनेवाले हैं न? क्यों इतना परेशान होते हो छोटी-छोटी बात पर? लाख समझाती हूँ कि कम-से-कम खाते समय तो मन को फिकर और फतूर से अलग रखा करो... दाल आज तुम्हारी ही पसन्द की पकाई थी, बतलाओ क्या है?

दुखमोचन ने चट से कहा—वाह, खूब सोंधी है! भाड़ में भुने हुए मूँग की दाल जैसी तुम खिलाती हो वैसी और कहीं नहीं नसीब होती, मामी!

मामी का चेहरा खिल उठा। दुखमोचन के शब्दों ने अबके अन्दर पहुँचकर दिल के वे तार छू लिए थे जो कि आस्था, अभिमान और अनुराग में से कढ़े होते हैं।

हाथ धोकर फिर से पंखी झलने बैठ गई थीं मामी। सहज सावधानी से दुखमोचन खाना खा रहे थे और मामी की निगाहें उनके चेहरे पर जमी थीं।... काले और मुलायम बाल तरतीब से छँटे थे। पतली-छोटी मूँछें साफ दाढ़ीवाले गोल चेहरे पर खूब फब रही थीं। नाक पर तिल का निशान था, मामी का ध्यान उस पर आकर अटक गया।

खाना खत्म हुआ तो बोलीं—गाय ने दूध देना बन्द कर दिया है, कई दिनों से बिना दही का खा रहे हो।

—अजी, सब चलता है घर में।—दुखमोचन बोले और आखिरी दो कौर भात मुट्ठी में लेकर उठ गए। कुत्ता जाने कब का बैठा था, वह भी उठा।

लड़कियाँ अपने काम में मशगूल रहीं। टुनू कहीं बाहर गई हुई थी खेलने। बहू उड़द का बेसन लपेटकर अरुई के पत्तों से 'अरकोंछ' बना रही थी। दुखमोचन हाथ धो आए, मामी से पान-जर्दा लिया और अन्दर जाकर पलंग पर लेट गए।

अखबार देखते-देखते पता नहीं कब आँखें झिप गईं।

मधुकान्त ने आकर जगाया तो ढाई बज रहे थे।

बाहर दालान पर और अँगनई में भारी भीड़ इकट्ठी थी। वेणीमाधव

किसी पर गरज रहा था। बीच-बीच में सुखदेव और मधुकान्त की आवाज सुनाई पड़ती थी।

मामी ने पानी लाकर थमाया। दुखमोचन ने कुल्ली की, आँखों को पोंछा। एक बीड़ा पान और चुटकी-भर जर्दा मुँह के हवाले करके दालान की ओर निकल आए।

दालान के बरामदे में गेहूँ की बोरियाँ अँटी पड़ी थीं—फिलहाल दस बोरियों का अनाज निकाला गया था। तराजू और पनसेरी लेकर रामसागर तौलने के लिए मुस्तैद था। उसकी मदद में राधे, कन्हाई और मद्धू आदि थे। वेणीमाधव चटाई पर बैठकर मास्टर टेकनाथ को झाड़ रहा था।

दुखमोचन आकर वेणीमाधव के पास बैठ गए। कहा—नाहक लोगों को बैठा रखा है, घोंचू हो तुम भी एक नम्बर के!...रामसागर, मुँह क्या देखते हो मेरा! शुरू करो न?

वेणीमाधव के हाथ में कापी थी। दुखमोचन लेने लगे तो रोककर उसने कहा—नहीं दुखन, इस बात का निपटारा कर दो! वह काम तो खैर होगा ही...

आँखों-भौंहों के इशारे से पूछा दुखमोचन ने—कैसी बात और कैसा निपटारा?

वेणीमाधव ने शुरू किया—मास्टर टेकनाथ की राय में ऊँची जातवालों के प्रति हमने अन्याय किया है। अनाज का ज्यादा हिस्सा छोटी जातवालों को मिला है। दूसरा ऐतराज मास्टर को यह भी है कि आँखें मूँदकर सभी को गेहूँ देना समझदारी का काम नहीं है...

बीच में ही मधुकान्त ने टोका—समझदारी का काम होगा नित्याबाबू जैसे बड़े लोगों को मालपुए खाने के लिए दस-दस मन गेहूँ यों ही दे देना!

—क्यों किसी का नाम लेते हो?—दुखमोचन बोले।

तब उन्होंने टेकनाथ से पूछा—भूख की भी कोई जात होती है?

मास्टर बगलें झाँकने लगा। वेणीमाधव ने लोगों से कहा—भाइयो, यह टेकनाथ मास्टर अपने स्कूल में लड़कों को भी छोटी जात, बड़ी जातवाली यही बातें पढ़ाते होंगे। गांधीजी जीते होते तो आकर अपने हाथ से इनको इनाम देते...

इस पर नौजवानों ने ठहाका लगाया। मास्टर का चेहरा सूखी लौकी की तरह सफेद पड़ गया।

—छोड़ दो!—दुखमोचन ने इशारे से लोगों को चुप कराया और उधर अनाज तुलने लगा।

वेणीमाधव नाम पुकारता था, रामसागर तोलकर दे रहा था। लोग टोकरी या कपड़े में ले रहे थे।

दस-पन्द्रह जने ले चुके तो दुखमोचन ने वेणीमाधव से रुकने को कहा। रामसागर भी रुक गए, कन्हाई और राधे भी रुक गए।

दुखमोचन उठकर पहले पान की सीठी थूक आए, तब कहा—भाइयो, इस अनाज को खैरात न समझना और न गुलामी का चारा-चोगा ही समझना इसको। यह तो एक किस्म की अगाऊ मजदूरी है जिसके लिए आप सभी को अपनी-अपनी शक्ति के अनुसार कभी-न-कभी काम करना होगा। आगे हम बाँध तैयार करेंगे, पोखरों की मरम्मत करेंगे, कुओं की खुदाई होगी, गाँव की तरक्की के दसों काम होंगे। एकजुट होकर हमें यह सब करना होगा। जिसके पास अनाज है और पैसे भी हैं, उन्हें हमने एक भी दाना देना वाजिब नहीं समझा। उन्हें तो उलटे अपने दुखी भाइयों की मदद करनी चाहिए थी, मगर उनकी नीयत मैं समझ नहीं पा रहा...हाँ, एक बात और...मुझे मालूम हुआ है कि गाँव के दो-चार स्वार्थी अब आपको फुसलाएँगे और बहकाएँगे; सस्ती कीमत पर वे आपसे गेहूँ लेना चाहेंगे। भाइयो, उनसे होशियार रहना। इस अनाज को बेचने की तो बात ही नहीं, हाँ बदलना हो किसी को तो हमें आकर बताए। बस, यही मुझे कहना था...

सभी गम्भीर होकर दुखमोचन की बातें सुन रहे थे। अब फिर नामों की पुकार होने लगी और अनाज तुलने लगा।

शाम तक ढाई सौ मन अनाज बाँट दिया गया। बाकी बँटवारा अगले दिन के लिए मुल्तवी रखकर वेणीमाधव, रामसागर वगैरह उठ खड़े हुए।

राधे और कन्हाई ने दालानवाले बाहरी कमरे में बाकी अनाज सहेज दिया। कुल एक सौ आठ बोरियाँ थीं, अब पचपन रह गई थीं और पाँच बोरियों का अनाज नीचे ढेर लगा था।

कमरे में ताला लगाकर चाबी रामसागर मामी को दे आया।

चमकी ने झाड़-बुहारकर दालान साफ कर दिया और बोली—जाती हूँ भैया, कल फिर आऊँगी।

अपर्णा ने आकर कहा—चमकी बुआ, तुम्हें मामी बुला रही हैं।

—अभी आई, बिटिया! चमकी बोली। कुएँ पर जाकर उसने पानी निकाला, हाथ-मुँह धोए। आँचल से चेहरा पोंछती हुई अन्दर आँगन की तरफ बढ़ी मामी से मिलने।

सूरज कब का डूब चुका था। आसिन का गाढ़ा-नीला आसमान मानो आँखों का दुख-दर्द खींचने को ही फैला हुआ था।

दुखमोचन और वेणीमाधव उत्तर-पूरब की तरफ बढ़कर डिस्ट्रिक्ट बोर्ड की सड़क पर घूमने निकले।

सड़क नदी के किनारे-किनारे जाकर आगे पश्चिम को मुड़ गई थी। दोनों तरफ नीम, आम, जामुन, पाकड़ और पीपल के पेड़ की कतारें बड़ी प्यारी लगती थीं। हाल ही में रोड़े जमाकर ऊपर-ऊपर कोल-तार बिछाया गया था। टायर के पहियोंवाली गाड़ियाँ, इक्के, टमटम, रिक्शे और पैदल चलनेवाले ही इन पर से आते-जाते थे। मामूली बैलगाड़ियों के लिए सड़क से सटकर लेकिन अलग लीकें थीं।

नदी और सड़क के दरमियान खेत-ही-खेत नहीं थे, अमराई भी थी और बाँसों के जंगल भी थे। उस पर खिले हुए काँस और सरकंडे शाम के इस झुटपुटे में चमक रहे थे। दूर पूरब में मशहूर पांडे परिवारों के पक्के मकान शान से खड़े थे, लखनौली के खानदानी जमींदारों की नई-पुरानी हवेलियाँ खड़ी थीं।

जहाँ सड़क पश्चिम को मुड़ती थी, वहीं बाईं तरफ लड़कों के लिए खेलने का मैदान था।

दस-पन्द्रह नौजवान गेंद खेल रहे थे। अँधेरे में चेहरा साफ-साफ नहीं दिखा किसी का।

दुखमोचन सड़क छोड़कर नीचे मैदान में उतर आए। वेणीमाधव से कहा—मिहिर को पुकारो।

बुलाने पर मिहिरकुमार आकर सामने खड़ा हो गया—लम्बा-छरहरा गोरा

नौजवान! अँधेरे में भी चमक रहा था। कन्धे पर हाथ रखकर दुखमोचन ने पूछा—दुर्गा-पूजा में तुम लोग इस बार नाटक-वाटक नहीं दिखलाओगे?

—नाटक तो नहीं हो सका इस वर्ष।—मिहिर बोला और चुप हो गया। दुखमोचन हँसने लगे, हँसते-हँसते वेणीमाधव का हाथ दबा लिया। वह इस संकेत का मतलब नहीं भाँप सका।

—सुना, बाहर से कुछ लोग आएँगे!—दुखमोचन ने कहा।

—किसने कहा आपसे?

—मैं भी इसी गाँव का रहनेवाला हूँ बच्चा! हूँ कि नहीं?

मिहिर पसोपेश में पड़ गया। हो न हो, इन्हें हमारा प्रोग्राम मालूम हो गया है। फिर खुलासा बता ही क्यों न दूँ...

बोला—कुछ कवियों को हमने राजी कर लिया है, काका! दो प्रोफेसर भी आ रहे हैं। लोग हिन्दी और मैथिली की कविताएँ सुनेंगे...अच्छा रहेगा न?

बाछें खिल गईं दुखमोचन की। बेताबी से पीठ ठोकने लगे लड़के की, और कई बार मुँह से निकला—शाबाश, बेटे! शाबाश!

—कुल कितने रुपये लगेंगे इसमें?

—हद-से-हद चालीस। खाना और नाश्ता अलग...

—कोई बात नहीं, दस रुपये कल मुझसे ले लेना।

—अच्छी बात है काका, आऊँगा कल।

—अब जाओ, खेलो!

मिहिरकुमार को किसी से बातें करते देखकर दो-तीन लड़के और आ गए थे। दुखमोचन ने इशारे से सभी को खेल पर वापस भेज दिया और खुद भी लौट चले।

वेणीमाधव अपने घर गया, दुखमोचन भी सीधे अपने यहाँ आए।

सुखदेव शाम की पूजा खत्म करके किसी से मिलने निकले थे। गाय बाहर बँधी थी, डाँस और मच्छर बेचारी को परेशान किये हुए थे। पुरानी फूस और कंडों के टुकड़े जलाकर धुआँ देने का इन्तजाम किया गया, लेकिन आग बीच में ही ठंडी पड़ गई थी।

अपर्णा को बुलाकर दुखमोचन ने आग मँगवाई। अँगोछे से हवा करके

घूरे को फिर से सुलगा दिया। धुआँ लगने पर डाँस-मच्छर भागे, तो गाय की बेचैनी कम हुई और अब वह इत्मीनान से सानी-भूसा खाने लगी।

हाथ-पैर धोकर दुखमोचन चारपाई पर बैठे ही थे कि एक औरत सामने आकर खड़ी हो गई—माथे पर गठरी लिए हुए; छोटी-सी लड़की थी बगल में।

—कौन है?

—मैं हूँ सरकार, हरखू की माँ—अनाज वापस लाई हूँ...

इशारा पाकर लड़की ने गठरी बरामदे पर दुखमोचन के सामने रख दी। उन्होंने पूछा—क्या बात है?

बुढ़िया बोली—सरकार, पच्चीस रुपया मनिआर्डर आया है आज...अब मैं हाट-बाजार से अनाज खरीद लाऊँगी। यह गेहूँ किसी दूसरे को दीजिएगा मालिक!

हरखू की माँ का यह ईमान देखकर दुखमोचन दंग रह गए। भीत से पीठ टिकाकर बैठे थे, लेकिन अब कमर सीधी कर ली। अँधेरे में बुढ़िया या लड़की किसी का चेहरा सूझ नहीं रहा था। कपड़े दोनों के ही मैले थे। दुखमोचन की निगाहों में इस मजदूर-परिवार की एकमात्र झोंपड़ी घूम गई। हरखू तीन महीने पहले फारबिसगंज गया था। दस रुपये पहले और पच्चीस अब भेजे थे, बस... लेकिन चार मुँहोंवाले परिवार के लिए तीस-पैंतीस की यह मामूली-सी रकम काफी हुई। जल्दी-जल्दी में दुखमोचन ने इस पर अपना दिमाग लड़ाया, मगर किसी नतीजे पर नहीं पहुँच पाए। आखिर बुढ़िया से कहा—नाम तो अब दर्ज हो चुका है, कौन वापस लेगा? ले जा अपना अनाज तू...

हरखू की माँ आगे बढ़ आई। बरामदे से सटकर खड़ी हुई और चाहा कि दुखमोचन के पैर पकड़ ले। नहीं पहुँच सके उनके पैरों तक बेचारी के हाथ तो गिड़गिड़ाकर प्रार्थना की—दुहाई मालिक की! दुहाई सरकार की! यह अनाज वापस रख लीजिए। यह मामूली गेहूँ नहीं है कि आसानी से हजम होगा। धरम का अनाज है मालिक! अब इस वक्त मैं झूठ कैसे कहूँ कि हमारे घर में कुछ नहीं है। पच्चीस रुपया है हाथ पर, दो-पौने दो मन गेहूँ हुआ सरकार! तो झूठ-मूठ मैं कैसे कहूँ कि छटाँक-भर भी दाना नहीं है घर में!

दुखमोचन समझ गए कि बुढ़िया अब किसी भी हालत में यह अनाज नहीं उठाएगी। उन्होंने अपर्णा को बुलाया। वह टोकरी ले आई।

टोकरी में गेहूँ डालकर बुढ़िया ने गठरीवाला कपड़ा साथ लाई लड़की को थमा दिया और उलटे आसीस देती हुई लौट पड़ी।

पाँच सेर गेहूँ थे। अपर्णा टोकरी अन्दर ले आई।

दालान पर अभी बाहरी आदमी एक भी नहीं था। मामी ने झाँककर देखा और सामने आकर खड़ी हुईं।

अनाज की वापसी का हाल मालूम करके बोलीं—इसी ईमान पर तो दुनिया-जहान टिका है बबुअन!

दोनों थोड़ी देर चुप रहे, जाने क्या-क्या सोचते रहे दोनों!

फिर मामी ने कहा—चलो, खाना खा लो।

चार

अगहन शुक्ल पंचमी को जनकपुर-धाम में हर साल धूमधाम से रामजी का ब्याह होता है। भारी जुटान होती है। दूर-दूर से लोग पहुँचते हैं दर्शन करने। संतों की पलटन भी अपनी छावनी डाल देती है। अयोध्या, चित्रकूट, काशी की बोली और भेख सुनने-देखने को मिलते हैं।

रामसागर की माँ ने कभी मनौती मानी थी और इसके मुताबिक वह प्रतिवर्ष अगहन में जनकपुर-धाम पहुँचता था। पाँव-पैदल जाता और पाँव-पैदल आता। अक्सर जान-पहचान के साथी मिल जाते या टोले-मुहल्ले की औरतें चावल-चिउड़ा की गठरी लेकर विदा होतीं साथ-साथ।

हमजोली इसी वजह से रामसागर को कभी-कभी 'औरतों का लीडर' कह देते और यह बेचारे को बुरा लगता...

इस बार मुंशी पुलकितदास का भतीजा और टेकनाथ का छोटा भाई साथ हो गए। एक का नाम था नवलकिशोर, दूसरे का रमानाथ। सबकी राय हुई कि जाएँगे पैदल, आएँगे रेल से। जयनगर में सिनेमा देखा जाएगा और...

'और' पर आकर नवल रुक गया; रमानाथ की तरफ देख रहा था। बाईं आँख दबाकर उसने कुछ इशारा किया।

—क्या बात है?

—कुछ नहीं, सागर भाई!

—उहुँ!

—नहीं, सागर भाई, अपनी कसम।

—रमानाथ ने जोर देकर कहा तो सागर को तसल्ली हो गई, कोई खास बात नहीं थी। मगर कोई बात थी तो ज़रूर।

रामसागर ने अब के नवल से पूछा—क्या बात थी, तुम बताओ?

मैं बता दूँ, सागर भाई?—रमानाथ ने कहा—कहेंगे तो नहीं किसी से?

—उहुँ!

—शादी से पहले ही अपनी बीवी को देखना चाहता है नवल।

रामसागर भभाकर हँसा और बोला—अब यह नई चाल चला रहे हो तुम? पहले तो कभी सुना नहीं गया ऐसा...

—तो अब सुन लीजिए!—नवल ने कहा और मुस्करा दिया। पल-भर रुककर बोला—और रामजी ने क्या किया था?

—शादी से पहले ही सीता को कई बार देख लिया था—रमानाथ का जवाब था।

—वह आदमी नहीं, देवता थे।—रामसागर के मुँह से निकला।

नवल ने उँगली चटकाई और कहा—आदमी होते तो एक-आध नजर देखकर ही सन्तोष कर लेते...

सभी हँसे इस पर।

रमानाथ ने कहा—जयनगर हाईस्कूल में नवल का भावी ससुर मास्टरी करता है, परिवार के लोग साथ रहते हैं। लड़की मिडल पास कर चुकी है, सागर भाई! क्या बुरा है, देख आएगा।

रामसागर को भला क्या एतराज था! हाँ, जयनगर और मधुबनी-दरभंगा घूमते हुए घर पहुँचने में खर्चा ज़रूर ज्यादा पड़ेगा...इसकी जिम्मेदारी नवल और रमानाथ ने अपने ऊपर ले ली।

दुखमोचन

रमानाथ और टेकनाथ का बाप जिन्दगी-भर बंगाल में ढाका के नजदीक नारायणगंज या कहीं और रसोइया का काम करता रहा। खूब गाँजा पीता था। छोटे लड़के को कई साल तक साथ रखे रहा। लुक-छिपकर इस रमानाथ ने भी चिलम से नाता जोड़ लिया था। रामसागर ने पिपरा बाज़ार में एक सेठ की नौकरी की थी, चार वर्ष की बाजारू रहन-सहन से उसे गाँजे का चस्का लग चुका था। तरुण मुंशी नवलकिशोर इन मामलों में रमानाथ का चेला था।

अँधेरे में गाँव के बाहर नदी-किनारे या दुर्गाजी के मन्दिर के नजदीक शिवजी की मठिया में इन गँजेड़ियों के अनहद-नाद गूँजा करते। नवल की चाची और रामसागर की माँ ने अपने घरों को धुआँखोरी के अड्डे नहीं बनने दिया, मगर रमानाथ की भाभी उन्हें काफी छूट देती थी और वह भी तब जबकि टेकनाथ घर से बाहर होता। पीछे बेचारी गुग्गुल की धूप-धूनी देकर गाँजे की गंध दबाया करती।

जनकपुर-धाम से तीनों जने लौटे तो पाव-भर नेपाली गाँजा साथ था। कागज की कई तहों में लपेटकर पुड़िया बना ली गई थी। ऊपर से जो कपड़ा डाला था, उस पर अच्छी तरह चन्दन का लेप चढ़ाया था। फिर ऊपर से एक कपड़ा। रामसागर ने उसे चावल की अपनी गठरी के अन्दर दबा लिया तो भी दिल धड़क रहा था।

नवल और रमानाथ आगे-आगे थे। रामसागर के बाएँ कन्धे पर गठरी थी, दाहिने हाथ से लोटा थामे हुए था। गरीब और गुनहगार निगाहों से वह बार-बार साथियों को देख लेता था।

जयनगर इस तरफ हिन्दुस्तानी सीमा पर पूर्वोत्तर रेलवे का आखिरी स्टेशन है। आबकारी विभाग के अधिकारियों की चौकस निगरानी से बचकर निकलना आसान नहीं था। देहात का एक मामूली चालाक उनकी आँखों में धूल झोंककर यों निकल जाए, हो नहीं सकता।

ट्रेन छूटने को थी, ह्विसल हो गई थी। गाड़ी की रवानगी का वक्त नोट कराकर स्टेशन मास्टर गार्ड के दस्तखत ले चुका था।

यह ट्रेन सीधे पहलेजाघाट जानेवाली थी। बीच में कहीं भी बिना उतरे-चढ़े एक ही गाड़ी पर सवार होकर पटना जानेवालों के लिए इधर से एकमात्र यही

गाड़ी थी। पिछले कुछ अरसे से ब्रांच-लाइन की इस शाखा में भी नई किस्म के खूबसूरत डिब्बे दिखाई पड़ने लगे थे। और, शाम को खुलनेवाली यह थ्रू ट्रेन तो बिलकुल नये डिब्बों की बनी थी...फर्स्ट क्लास के कम्पार्टमेंट में से एक नेपाली लड़की बाहर खड़े हमवतनी नौजवान से बातें कर रही थी।

पतली नली से ढेर-सी दबी भाप छोड़कर इंजन ने हलका-सा धक्का दिया, पीछे खिसका, फिर आगे की ओर बढ़ा। नेपाली लड़का प्लेटफार्म पर दो कदम पीछे हट गया।

कि एकाएक गार्ड ने लाल झंडी दिखाई, इंजन रुक गया।

गार्ड के पास सादे लिबास में दो आदमी खड़े हो गए थे, साफ था कि उन्हीं के कहने से गाड़ी रुकी है।

गार्ड के पास जो दो आदमी खड़े थे, उनमें से एक सीधे रामसागर के सामने आ गया। वह प्लेटफार्म की तरफ मुँड़ करके खिड़की से लगा बैठा था, हथेली पर सुरती थी।

प्लेटफार्म पर खड़े-खड़े ही उस आदमी ने खिड़की से अन्दर झाँका। बेंत की छड़ी से रामसागर की गठरी छूकर पूछा—किसकी है?

कोई कुछ नहीं बोला। दुबारा उसने डपटकर पूछा—किसकी है यह?

रामसागर अब भी गुम रहा, लेकिन साथ बैठे बूढ़े ने उसकी बाँह पकड़कर कहा—बतलाते क्यों नहीं हो?

रामसागर ने बड़ी कोशिश की कि चेहरे का रंग न उड़े, बोली-वाणी से कमजोरी न प्रकट हो, लेकिन इसमें वह असफल रहा। नवल पीछे ही रह गया था, बाजार में। रमानाथ दूसरे डिब्बे में एक दोस्त से बातें कर रहा था।

—उतरो! उतरो!—आबकारी दारोगा ने हाथ पकड़कर रामसागर को खींचा। गठरी तो पहले ही उसके कब्जे में आ गई थी।

रामसागर अछता-पछताकर ट्रेन से नीचे उतरा।

गार्ड ने सीटी दी और इंजन खिसका।

सरकती गाड़ी से झाँक-झाँककर मुसाफिर रामसागर को देख रहे थे और आवाजें उठ रही थीं—गाँजा है! गाँजा है!

रमानाथ अन्दर-ही-अन्दर परेशान हो उठा। ट्रेन मधुबनी रुकी तो उतर

गया। अकेले गाँव पहुँचने की उसकी हिम्मत नहीं हुई।

अगले रोज ही रामसागर को पुलिसवालों ने मधुबनी जेल की हाजत में पहुँचा दिया। छोटी अदालत ने दो दिन के अन्दर ही तुरत-फुरत तीन हफ्ते सादी कैद की सजा का फैसला सुना दिया। वह तो खैर हुआ कि ऐन मौके पर दुखमोचन को खबर मिल गई और उसने जमकर पैरवी की, वरना तीन महीने जेल की खिचड़ी खानी पड़ती। यों रामसागर रमानाथ को भी उसी दम ट्रेन में पकड़वा देता, मगर उसके नेक दिल ने कहा—क्या है, अकेला भुगत लूँगा। जान-बूझकर किसी ने मुझे थोड़े फँसाया है?

पीछे दुखमोचन ने जासूसी छानबीन की तो पता लगा कि नित्याबाबू का ही यह सारा प्रपंच था। रमानाथ और नवलकिशोर को उन्होंने पट्टी पढ़ाई थी कि नेपाली गाँजा लेकर जनकपुर-धाम से साथ-साथ लौटो और किसी तरह रामसागर को आबकारी विभागवालों के हवाले कर दो।

दुखमोचन दूसरी बार जेल में मिलने गए तो उसने बताया—ट्रेन में मुझे बैठाकर रमानाथ प्लेटफार्म पर देर तक घूमता रहा, कई बार स्टेशन के अन्दर-बाहर गया-आया। तुम्हारा शक वाजिब है दुखन भैया, उसी ने आबकारी इन्स्पेक्टर को सूचना दी होगी। पाजी कहीं का!

—नवल कहाँ रह गया था?

—होनेवाले ससुर के यहाँ बैठा था।

—अच्छा, एक बात तो बताओ, तुम गैर-कानूनी गाँजे के इस झमेले में पड़े ही क्यों? भारी गधे हो! खुद तो बदनाम हुए ही, गाँव की हमारी सारी जमात को तुमने बदनाम किया। लोग कहते हैं, आपका साथी गाँजा केस में सजा पाकर जेल की खिचड़ी खा रहा है!

—अब कान पकड़ता हूँ अपने कि...

—मुझे नहीं मालूम था कि तुम गाँजा के ऐसे गुलाम हो...

काफी फजीहत हुई रामसागर की, मगर वह मुँह लटकाए सबकुछ बरदाश्त कर गया।

पत्नी, दो बच्चे। बस, घर में और कोई नहीं था। रामसागर भूमिहार खानदान का गरीब किसान था। खेत थोड़े थे, खींच-खाँचकर किसी तरह गुजारा होता

था। बीवी शीलवंत और सयानी थी, किफायत में निभा लेती थी।

रामसागर लहेरियासराय की जिला-जेल से रिहा हुआ तो फाटक पर ही उसे वेणीमाधव और मधुकान्त मिले। वे अपने मित्र को लेने ही वहाँ पहुँचे थे।

वेणीमाधव ने मजाक किया—घबराओ नहीं, तुम्हारा माल ले आया हूँ।

अकुचकाकर रामसागर ने कहा—कैसा माल, भाई?

मद्धू ने चिलम पीने की मुद्रा बनाई, दोनों हाथ नाक-मुँह से लगे थे...

रामसागर दबी आवाज में बोला—भूल किससे नहीं होती, भाई?

मद्धू ने उसके कान में कहा—भैया, नाराज मत होना, मैंने भी कभी....

—चुप, पाजी!—मुस्कराकर वेणीमाधव ने मद्धू को मीठी फटकार बताई।

तीनों हँसते-हँसते बड़ी सड़क पर आए।

रात को तीनों ने होटल में साथ-साथ खाना खाया, फिर सिनेमा देखने गए। एक बजे की ट्रेन पर सवार होकर तीन बजे पिपरा बाजार स्टेशन पर उतरे और सुबह-सुबह घर पहुँचे।

घर पहुँचते ही पहला काम रामसागर ने यह किया कि गाँजा पीने की दोनों चिलमें जाँता पर पटक-पटककर टूक-टूक कर डालीं और उन ठीकरों को बटोरकर बाँस के जंगल में फेंक आया। फिर नदी में नहाने गया।

वेणीमाधव के दालान पर बैठकर रात के वक्त रामसागर ने जेल के अपने अनुभव कई रोज सुनाए। दिन का वक्त आजकल खेत-खलिहानों में बीतता था। जिनकी खेती ज्यादा थी, वे तो और भी व्यस्त रहते।

बाढ़ ने आसपास के इलाकों में धान की खेती को बरबाद कर दिया था इस वर्ष, लेकिन बाँधों की रोक-थाम के कारण टमका-कोइली गाँव के किसानों को छाती नहीं पीटनी पड़ी। पचास प्रतिशत सफलता मिल ही गई।

इन दिनों दुखमोचन भी धान की अपनी फसलें कटवाने और उगहवाने में, खलिहान की निगरानी करने में जी-जान से लगे हुए थे। कातिक के अन्त में सुखदेव को कई दिन तक बुखार आता रहा। वह अब भी कमजोर थे; इससे दुखमोचन की परेशानी बढ़ गई थी।

पड़ोस के गाँव सिमरौन में एक किसान की खड़ी फसल खेत में ही जला दी गई थी। इसी तरह मौजे पुनाई चक में किसी की फसल रात-ही-रात

में कटकर कहाँ चली गई, पता तक नहीं चला गाँववालों को।

इन पाँचों गाँव की एक ही पंचायत थी जिसमें दस नामजद मेंबर थे। टमका-कोइली से पुलकितदास और दुखमोचन पंच थे। अपने गाँव की पंचायत पिछले दो-तीन वर्षों से सोयी-सी थी। कहीं कुछ झगड़ा-टंटा उठ खड़ा होता तो पाँच गाँवों की यह पंचायत जुटती और जो कुछ फैसला होता उसकी रिपोर्ट अंचलाधिकारी साहब तक पहुँचानी पड़ती।

धान की खड़ी फसलों के जलाने और चोरी-चोरी काट लेने की ये जो शिकायतें पंचायत के सामने आईं, उन्हें दूर करने के बारे में पंचों ने कई उपाय सोचे—थाना से सशस्त्र सिपाहियों की मदद, चौकीदारों की तादाद बढ़ाना, ग्रामरक्षा-समिति का संगठन, फसलों की निगरानी के लिए काफी तनखाह देकर पहरेदारों की बहाली आदि।

दुखमोचन ने रक्षा-समितियों के संगठन पर ही ज्यादा जोर डाला और काफी बहस के बाद पंचों ने इस उपाय को ही एकमात्र कारगर तरीका घोषित किया।

तय हुआ कि एक हजार आबादीवाले गाँव में जो रक्षा-समिति होगी, कम-से-कम पाँच रक्षकों से बनी होगी, टमका-कोइली जैसे बड़े गाँव की रक्षा-समिति का संगठन कम-से-कम बीस रक्षकों का होगा। रक्षकों की उम्र बीस से चालीस साल तक रहेगी। उन्हें भाला या गँडासा लेकर रात के वक्त फसलों की निगरानी करनी होगी, अनुशासन उन पर पंचायत का रहेगा। दो-दो रक्षक साथ निकला करेंगे और चार-चार घंटे तक पहरा देंगे...

इन फैसलों को अमली जामा पहनाने में दुखमोचन के तीन रोज लग गए। सिमरौन और पुनाई चक के वाशिंदों ने पुलकितदास को तो छोड़ दिया, मगर दुखमोचन को नहीं छोड़ा। दोनों बस्तियों में रक्षा-समितियों का बाकायदा संगठन करके उन्होंने रक्षकों को सारी बातें समझा-बुझा दीं, अंचलाधिकारी साहब से बातें कर आए; दारोगा और हेड कान्स्टेबल के कानों में सारा मामला डाल दिया। राजनीतिक पार्टियों के जो भी दो-चार प्रमुख नेता थे, थाने के अन्दर सबकी स्वस्ति ले ली। बस अखबारों में समाचार भेजना-भर बाकी रह गया था।

इस बीच गिरस्ती के काम जैसे-तैसे सुखदेव ने सँभाले। अन्दर की सारी

जिम्मेदारी मामी पर थी ही। बाहर खलिहान में फसलों का ढेर लगा था। खेत सारे कट चुके थे। दँवरी चल रही थी।

अपनी बस्ती में भी रक्षा-समिति का संगठन करना था, लेकिन कोई जल्दी नहीं थी। पिछले वर्ष एक-आध बार तैयार फसलों की बरबादी का प्रयत्न हुआ था

किन्तु अपराधी का पता लग गया था। पचास रुपये का जुरमाना वसूल करके उसे पंचों ने छोड़ दिया था। और भी कई मामलों में गुनहगारों से जुरमाने की बड़ी-बड़ी रकमें वसूल की गई थीं। इसी सबका नतीजा था कि बदमाश अपनी हरकतों से बाज आ गए थे।

दोपहर का खाना खाकर दुखमोचन अखबारों में भेजने के लिए खबरें लिख रहे थे; वही रक्षा-समिति के निर्माण की बातें! टुनू को नानी ने पुतला भेजा था, वह उसी से खेल रही थी और बीच-बीच में पिता की तरफ एक-आध नजर देख लिया करती थी।

गेहुँआ रंग की ऊन के लच्छे और बिनाई की सलाइयाँ लेकर मामी घर के अन्दर आईं।

दुखमोचन का कुरता और बनियाइन खूँटियों पर टँगी थीं। कुरता साफ था, बनियाइन मैली थी।

मामी ने कहा—बनियाइन और सिलवा लो। यह तो हमेशा बदन से लगी रहती है। एक नहीं, दो चाहिए कम-से-कम...

नजर उठाए बिना ही दुखमोचन बोले—नहीं मामी, कम-से-कम आधा दर्जन चाहिए!

मामी हँसीं, खिलखिला उठीं। मेज के नीचे से स्टूल ले लिया, बैठ गईं। स्वेटर की दूसरी बाँह अभी बिनी जानेवाली थी, सलाइयों को आड़े-तिरछे रखकर उनमें धागे उलझाते हुए बोलीं—तुम्हारी इस बस्ती में जिनके पास साधन हैं भी वे सलीके से रहना नहीं जानते। कमर से नीचे मैली-चीकट मरदानी धोती, कन्धे पर चारखाना गमछा, सरसों के तेल में भीगे हुए बाल! आप कौन हैं? बाबू त्रिजुगीनारायण चौधरी हैं! साठ हजार रुपये नकद जमा कर रखे हैं और कसम खा रखी है कि धोबी से कपड़े नहीं धुलाएँगे। आप कौन हैं? रामरखराय हैं! तीन हजार मन धान हर साल आपकी खेती आपको सौंपती है, लेकिन शक्ल-सूरत

बना रखी है कि हफ्तों से हाजत में बन्द मुजरिम भी क्या होगा!

दुखमोचन ने गरदन उठाकर कहा—नहीं, मामी, नहीं! यह तुम इकतरफा बातें कर रही हो! अरे, दूसरा रुख भी तो देख लिया करो। उन्हीं परिवारों के नौजवान कैसे बन-ठनके रहते हैं।

—हुँ!—मामी ने आँखें मटका लीं। चुपचाप बिनाई करने लगीं। दुखमोचन लिखे हुए कागज लिफाफों में बन्द कर चुके तो उठे और अलमारी के अन्दर टिकट खोजने लगे। डायरी की गत्ती में देखा, इस किताब की जिल्द में ढूँढ़ा, उस किताब की जिल्द में खोजा, एक भी टिकट कहीं नहीं मिला। हारकर मामी से कहा—सुनती हो? तुम्हें याद है कहाँ रखे थे टिकट मैंने?

—मैं क्या जानूँ!—मामी ने कहा।

टिकटों की जरूरत आज बहुत दिनों बाद पड़ी थी। कुछ रुककर मामी बोलीं—किसी को दे आए होंगे, याद नहीं होगा...डाकखाने से ले लेना, परेशानी काहे की?

दुखमोचन बैठ गए तो टुनू गोद में आ गई।

मूँछ के बाल सहलाती-सहलाती लड़की बोली—परसों जो लेमनचूस तुम लाए थे, अच्छे नहीं थे।

—अब जो लाऊँगा वे अच्छे होंगे—पिता ने कहा। उनकी उँगलियाँ उसके बालों में उलझी हुई थीं।

टुनू पुतले को सजा दे रही थी, टाँग पकड़कर उसे उलटा झुलाने लगी। बाप से कहा—बापा, यह बड़ा शैतान हो गया है, पढ़ता है न लिखता है, दिनभर मटरगश्ती करता है...इसे मैं घर से निकाल बाहर करूँगी...मगर आप मुझे रंगीन तसवीरोंवाली किताब कब ला देंगे?

मामी ने उधर से कहा—टुनू पढ़ेगी तो खेलेगी कौन?

दुखमोचन ने मचलती हुई बेटी को छाती से लगा लिया और बोला—भारी शौक है टुनू को पढ़ने का, लिखने का, तुम तो बस यों ही कुछ कहती रहती हो।

लाइन पूरी हो गई थी, बिनाई की सलाइयाँ पलटकर मामी दूसरी लाइन बिनने लगीं तो कहा—यों ही कुछ कहती रहती हूँ मैं? दवात में उँगली डालकर भीत पर टेढ़ी-मेढ़ी लकीरें खींचने में ही जिसका जी लगता हो, उसे भला क्या

कहा जाए! स्कूल से रानीजी भाग-भाग आती हैं...

—हाँ रे?—दुखमोचन ने भौंहें ज़रा कड़ी करके टुनू से पूछा।

लड़की ने निगाहें नीची कर लीं तो मामी ने कहा—जा टुनू, तेरी चाची तुझे बुला रही है, जा।

अपना पुतला वहीं पलँग पर छोड़कर टुनू बाहर निकली।

लेकिन फौरन ही वापस आ गई और बोली—बापा, चाची पूछ रही हैं, हजारीबाग से जो कपड़े आए हैं, उनका क्या-क्या बनेगा?

दुखमोचन मामी की तरफ देखने लगे। मामी का ध्यान अभी बिनाई पर था। छोटी बहू दुखमोचन से परदा करती थी; बरामदे में आड़ लेकर खड़ी थी।

...मामी, क्या-क्या कपड़ा है?

...तीन तो साड़ियाँ थीं, ब्लाउज के लिए चार गज सादी छींटें थीं। बच्चों के लिए फ्रॉक, सलवार, पाजामा, और कमीज के कपड़े थे। पंडितजी के लिए पाँच गज मलमल था...

मामी ने बिनाई रोककर तफसील में कपड़ों का हाल बता दिया।

छोटी बहू का लड़का जोगेन्द्र नानी के साथ ही रहता था। अब दस-पाँच दिन के अन्दर ही आनेवाला था। परिवार में लड़कियाँ तो दो थीं, लड़का बस यही था। वहाँ नाना-नानी के भी और कोई नहीं। इसी से सुखदेव-दुखमोचन भतीजे को छूट दिये थे कि चाहे जहाँ रहे।

दुखमोचन ने मामी से कहा—अप्पी है, तुम हो, जोगेन्द्र की माँ है...

...और मैं हूँ!...टुनू बीच में ही बात काटकर बोल उठी और पिता से सटकर बैठ गई।

मामी को हँसी आई और दुखमोचन को भी। बाहर भीत की ओट में खड़ी बहू भी खिलखिला पड़ी।

मामी ने टुनू से ही पूछा—अच्छा, तू क्या-क्या सिलवाएगी?

—कान में कहूँगी—शरमाकर लड़की बोली।

पिता ने कान उसके मुँह से लगा दिया।

टुनू ने बाप के कान में कहा—फ्राक तो ठीक है, मगर सलवार नहीं सिलवाऊँगी मैं...

—तो क्या करेगी अपने कपड़े का?—मामी ने मुँह बनाकर पूछा।

—तुम पर रंज है, तुम्हें कुछ नहीं बताएगी।

—मुझको क्या पड़ी है, जिसकी बेटी है उसे बता दे!

दुखमोचन ने फुसलाकर चुपचाप टुनू से पूछा तो उसने बतलाया—मुझे पाजामा चाहिए, बापा।

—पाजामा पर फ्राक कैसी लगेगी?

—अच्छी लगेगी।

मामी ने कहा—जिद्दी हो गई है छोकरी! पीठ पर सास के झाड़ू बरसेंगे इसके तो...

—बाप रे बाप!—दुखमोचन ने लड़की को सीने से चिपका लिया। बोले—खाल न उधेड़ लूँगा उस सास की!

इस पर छोटी बहू की खिलखिलाहट फिर कानों में आई।

मामी ने मुस्कराते हुए कहा—जोगेन्द्र आएगा तो इसकी मरम्मत किया करेगा!

—च्च...च्च...च्च!—ओट से छोटी बहू ने प्रतिवाद किया।

दुखमोचन टुनू की पीठ पर हाथ फेरते रहे। बोले—हो नहीं सकता।... जोगेन्द्र तो इतना ज्यादा प्यार करता है इसे कि दूसरा कोई क्या करेगा! वह छिपा-छिपाकर इसको मिठाइयाँ देता था, कँटीली झाड़ियों के अन्दर घुसकर पीले-पीले पके बेर तोड़ लाता था इसके लिए...उसी ने टुनू को पानी में तैरना सिखाया था...नहीं, टुनू?

माथा हिलाकर लड़की ने कहा—हाँ, भैया ने मुझे कभी नहीं पीटा। कोई कितना भी चुगली खाए, वह मुझ पर रंज नहीं होते। अबकी मैं भी भैया को मिठाई खिलाऊँगी।

एकाएक टुनू ने मामी की तरफ देखा और बेताबी से पूछा—अच्छा, तुम्हारे पास मेरा कितना जमा है?

—कुछ नहीं।—मामी ने जवाब दिया—धेला भी नहीं।

टुनू रुआँसी होकर बोली—गंगा मैया की तरफ मुँह करके कहो तो सन्तोष कर लूँगी।

मामी खिलखिला पड़ीं।

जाने कहाँ से आकर अपर्णा चाची के पास खड़ी थी और टुनू की बातें सुन रही थीं। अब सामने आ गई।

टुनू ने बहन से पूछा—मामी के पास डेढ़ रुपया नहीं है जमा मेरा? तुम्हारे सामने ही तो दिया था, एक रुपैया एक बार और अठन्नी दूसरी बार...

अपर्णा को हँसी आ गई। बोली—क्यों आप लोग टुनू को परेशान कर रहे हैं?

दुखमोचन ने कहा—डेढ़ रुपये की ही तो बात है, इसके लिए टुनू मामी से कसम लेना चाहती है।

अपर्णा बोली—आप सयानों के लिए डेढ़-दो रुपया कोई चीज नहीं, मगर हम बच्चों के लिए यह रकम डेढ़-दो हजार रुपये के बराबर है, बापा! मैं गवाह हूँ, मामी को टुनू ने डेढ़ रुपया रखने को दिया था...

टुनू की आँखों में चमक वापस आ गई, चेहरा खिल उठा।

मामी मुस्कराती हुई उठीं, स्टूल खिसकाकर फिर मेज के नीचे रख दिया। ऊन के लच्छे, सलाइयाँ और बुना हुआ टुकड़ा अपर्णा के हवाले किया। दुखमोचन की तरफ रुख करके बोलीं—तुम भी अब डाकखाना जाओगे, मुझे भी बैठना नहीं है। देखते हो न, समूचे आँगन में धान सूख रहे हैं, उन्हें समेट लेना है। तिल संक्रांति का त्यौहार करीब आ पहुँचा, उसके लिए अलग चूल्हा आज ही बनाऊँगी। अप्पी की माँ की बरखी के दस-बारह रोज रह गए हैं, सिवाय चावल और दाल के और कुछ भी तो नहीं है इस घर के अन्दर...

अपर्णा की माँ का प्रसंग आया तो दुखमोचन के मन ने एक अजीब-सा दर्द महसूस किया। वह चटपट उठ खड़े हुए।

पाँच

गाँव के पश्चिम मुंशी पुलकितदास का मकान था। उन्हीं के दालानवाले कमरे की दीवार से 'डाकखाना' की तख्ती लटकी हुई थी। लाल-सुर्ख जमीन पर सफेद हर्फ। खम्भे से लैटर-बॉक्स लगा था।

बाहर तख्तपोश पर मुंशीजी छोटा-हल्का हुक्का गुड़गुड़ा रहे थे। आबनूसी सूरत, गोल चेहरा। बाल पक चुके थे। हजामत बनवाए हुए चमकीले गाल। पतली मूँछें। गोल गले की नफीस बनियाइन पहन रखी थी। आँखों के कोए छोटे मगर पीले। कद नाटा। हाथों और पैरों की उँगलियाँ सीधी-सपाट!

दालान के सामने गेंदा के पचासों पौधे थे, फूलों की बहार देखने लायक थी।

दुखमोचन आए तो मुंशीजी ने हुक्का-समेत उठकर स्वागत किया और बैठाया।

छप्पर की पाढ़ के पीछे पुराने-नये अखबार और कागज खुँसे थे। हवा की कृपा से उनका रंग उड़ गया था और सिकुड़न आ गई थी।

मामूली कुशल-समाचार पूछकर दुखमोचन ने उन अखबारों की तरफ देखा।

मुंशी ने हुक्का गुड़गुड़ाते हुए पूछा—क्या देख रहे हैं?

दुखमोचन ने कहा—पिछले वर्ष बाढ़ के जमाने में कोशी अंचल के निवासियों ने सम्पादकों के नाम काफी पत्र लिखे थे, अधिकांश छपे भी थे। पिपरा बाजार के मेरे एक मित्र वैसे पत्रों की कटिंग इकट्ठी कर रहे हैं...आपके यहाँ अखबार एक-न-एक आता ही रहता है।

मुंशीजी ने माथा हिलाकर स्वीकार किया और तृप्तिपूर्वक हुक्का पीते रहे। कुछ देर बाद नरेले से होंठ हटाए और पूछा—डाकखाने का भी काम है कुछ?

—जी हाँ! चार इकन्नी टिकट और दो पोस्टकार्ड चाहिए।

—हुँ...और अखबारों की कटिंग के बारे में नवल से ही कहिएगा, वही जानता है, कौन और कब का अखबार कहाँ पड़ा है।

—अच्छी बात है, पूछ लूँगा नवल से!

इतने में चार साल का एक लड़का अन्दर से निकला—दरवाजे तक दुलकी चाल से आया था, लेकिन बाहर आते ही अजनबी चेहरा देखा तो भय और कौतूहल से एकाएक ठमक-सा गया। मुंशीजी ने नजरों के इशारे से बार-बार बढ़ावा दिया, तब वह शंकित पैरों से नजदीक आया। अचम्भा-भरी निगाहों से एक बार दुखमोचन की तरफ और अभयप्रार्थी निगाहों से एक बार मुंशीजी की तरफ देख रहा था।

बिलकुल करीब आ गया तो मुंशीजी ने बच्चे को अंक में भर लिया और चूमकर कहा—यह तेरे चाचा हैं, चाचा!

दादा की गोद में आने से सुरक्षित महसूस करके बच्चा पूछ बैठा—बाबूजी के भाई होंगे यह?

—हुँ उँ उँ उँ उँ—मुंशीजी ने स्वर को लम्बा करते हुए नाटकीय ढंग से माथा हिलाया।

फिर कुछ देर तक मुंशीजी अपने इस होनहार पोते की प्रशंसा करते रहे और दुखमोचन ने उसमें गहरी दिलचस्पी ली।

—अच्छा, चाबियों का गुच्छा तो ले आ!

बच्चा मुंशीजी की गोद से उतरा और अन्दर हवेली की तरफ भागा।

हुक्के को दीवार से टिकाकर मुंशीजी लघुशंका से निबटने गए—दस

मिनट का वक्त लगता था इस काम में उनको।

दुखमोचन की आँख पश्चिम के खेतों की तरफ इतने में सैर कर आई... बीच में सरसों के फूले खेत अपनी खास छटा दिखला रहे थे। इन खेतों के आगे धान के खेतों का विशाल मैदान था जिनमें कटी फसलों की खूँटियाँ-ही-खूँटियाँ थीं—साफ-सूफ और सीठी-सी खूँटियाँ, धौरी-भूरी-मटियाली खूँटियाँ, तरल और स्निग्ध निगाहों के अन्दर पल-भर में ही रूखापन भरनेवाली खूँटियाँ। उनके दरमियान जहाँ-तहाँ दूबोंवाली मेंड़ें हलकी हरी लकीरों-सी लग रही थीं। लेकिन, नजदीक इधरवाले खेतों में सरसों के

फूल लहरा रहे थे। बस, आँखें प्रकृति की पीली ओढ़नियों में ही उलझ-उलझकर मस्त हो उठीं...दुखमोचन को क्षण-भर के लिए गौने के समय का अपनी पत्नी का रूप याद आ गया—पीली रेशमी साड़ी, पीला रेशमी ब्लाउज, चाँद-सा मुखड़ा और चन्दन-सी सूरत! पीले कपड़ों से ढकी हुई पालकी...

बच्चा अन्दर से चाबियों का गुच्छा ला चुका था और मुंशीजी ने डाकखाना खोल लिया था।

दुखमोचन कमरे के भीतर आ गए।

साठ साल के मुंशी पुलकितदास पोस्टमास्टर की अपनी कुरसी पर बैठे। दुखमोचन के लिए स्टूल था।

मेज पर कागज बे-तरतीब पड़े थे। मुहरों के ठप्पे गंदे दिखाई दे रहे थे। डाक के दो-तीन खाकी थैले। लकड़ी की एक छोटी-सी अलमारी। लोहे का छोटा सेफ। नोटिस-बोर्ड भी अन्दर ही था। 'नेशनल सेविंग्स' के दो छोटे-छोटे पोस्टर दीवार से चिपके थे। कोने में ढिबरी और सील करने के लिए चपड़े की टिकिया पड़ी थी।

बड़ा पोस्ट-ऑफिस था पिपरा बाजार में। यह निहायत मामूली डाकघर था। डाकिये का काम भी पोस्टमास्टर को ही करना होता था। मुंशीजी ने अपने दूसरे भतीजे को डाक बाँटने की ड्यूटी पर तैनात कर रखा था। पहले मनिआर्डर की रकमें महीना-महीना, डेढ़-डेढ़ महीना रोक ली जाती थीं। लोगों को भारी कष्ट था। दुखमोचन ने यों भी और अखबारों में भी काफी लिखा-पढ़ी की;

हल्ला-गुल्ला मचाया। अब ठीक वक्त पर रुपये मिल जाते थे।

मुंशीजी ने टिकट और पोस्टकार्ड दिये और पैसे लिए। दुखमोचन उठने लगे तो कहा—दस बोरा सीमेंट की जरूरत थी।

शहर जाकर एस.डी.ओ. (सब-डिविजनल ऑफिसर) से मिलिए, दासजी!—जवाब मिला।

अन्दर हवेली से तश्तरी में सुपारी के टुकड़े और सौंफ आ गए थे। मुंशीजी बोले—अरे, सुपारी नहीं लीजिएगा! सुनते हैं? मेरा मतलब था कि एस.डी.ओ. साहब इधर-उधर तहकीकात करेंगे और आखिर आपसे पूछा जा सकता है...समझे न?

—मगर इतना सीमेंट क्या कीजिएगा? बड़ी किल्लत है सीमेंट की।

—तुलसी का चबूतरा बनवाना है, लक्ष्मीनारायण के लिए वेदी बनवानी है। चहारदीवारी में भी काफी सीमेंट लग जाएगा। दस हजार ईंटें पड़ी हैं, बैठकबाजी के लिए एक पक्का अड्डा तैयार करना है...

—यह काम तो ढाई-तीन मन सीमेंट से हो जाएगा।

—अरे, समझे नहीं? अच्छी चीज यों भी घर में पड़ी रहे तो क्या हर्ज है?

—अच्छाऽऽऽऽऽ!

दुखमोचन कमरे से बाहर निकले और टिकटें लगाकर लिफाफों को लेटर-बॉक्स के हवाले किया। मुंशीजी बरामदे तक आकर उन्हें छोड़ गए।

चार बजे होंगे। जाड़े के दिन थे। सूरज काफी नीचे आ गया था। पीली धूप बदन को खुशगवार लग रही थी। निगाहों में बार-बार खेतों की वह पीली छटा आ जाती और ध्यान बार-बार पत्नी की सूरत पर अटक जाता। लगातार चार वर्षों तक टी.बी. की मरीज रही बेचारी...मरने लगी तो वह उसे देख भी नहीं सके। माँ ने भाई को मना कर दिया

...नहीं, बुलाने की जरूरत नहीं है। आकर क्या कर लेगा बबुअन?... थाइसिस से अप्पी की माँ का गोरा-गेहुँआ रंग एकदम पीला पड़ गया था... सरसों के फूले खेतों का पीला-पीला मैदान दिशाओं के छोर छूने लगा तो गहन के अँधेरे में दिखाई पड़नेवाला चाँद का फीका ढाँचा क्षयग्रस्त पत्नी का प्रभाहीन मुखमंडल बनकर चक्कर काटने लगा...

दुखमोचन आते-आते वेणीमाधव के दालान के करीब आ गए। यह जगह रास्ते के बिलकुल किनारे थी।

दालान के आगे सहन में छोकरों, छोकरियों और औरतों की भीड़ जमा थी। बीच में दो पंजाबी फेरीवाले चटकीले सामान फैलाकर एक-एक की दस-दस खूबियाँ गिना रहे थे। और कह रहे थे—ऐसा माल पटणे में भी नहीं मिलेगा भैणजी, लै लो! जो मर्जी तुसी दे देणा...आ बलाउज देखो, चीन की लाजवाब सिलक मँगवाई थी हमारे

मालिक ने!...वो पेटीकोट तो छूकर देखणा, कैसा सोहणा है! जरा उसकी लैस तो देखो भैणजी...

दुखमोचन पर नज़र पड़ते ही औरतें हवेली की तरफ आड़ में चली गईं। इशारे से फेरीवालों को भी बुला लिया तो भीड़ भीतर चली गई।

दुखमोचन दालान में आ गए।

एक नफीस तख्तपोश बिछा था। अलग एक बड़ी चारपाई को भी खड़ा करके रख दिया गया था।

तख्तपोश पर लेट गए दुखमोचन। एक लड़का दरी और तकिया ले आया। यह उनका पुराना दस्तूर था कि जब कभी थके-थकाए आए तो वेणीमाधव के दालान में इसी तरह लेटे रहे। वेणीमाधव या जयमाधव मौजूद हों चाहे नहीं हों, दुखमोचन बेझिझक घंटा-आधा घंटा आराम करते। फिर अपने-आप उठकर चल देते...

परसों अप्पी की माँ की बरसी हुई थी—पाँचवीं बरसी। जात-बिरादरी के लोगों का ज्योनार था। मामी, छोटी बहू, मधुकान्त की माँ और सुग्गी बूआ परसों दिन-भर तरकारियाँ तलती-पकाती रहीं। सिद्धी और माँगन ने पीतल के बड़े-बड़े हंडों में भात-दाल पकाए थे। कन्हाई और राधे पानी भरने, लकड़ी जुटाने और मसाला पीसने पर थे। रामपट्ठी का महापात्र आया, वार्षिक श्राद्ध के क्रिया-कर्म दुखमोचन से उसी ने करवाए थे।

अप्पी की माँ इन दिनों बेहद याद आ रही थी। दूसरे कामों में दुखमोचन का जी नहीं लग रहा था। इस वक्त भी उन्हें बार-बार वही मुखड़ा याद आ रहा था। तबीयत करती थी, उसी के बारे में सोचते-सोचते दो-एक झपकियाँ ले लें।

अन्दर हवेली से औरतों और फेरीवालों की मिली-जुली आवाजें आ रही थीं।

—बच्ची की सलवार के लिए यह साटन ले लो भैणजी!

—लड़के की कमीज के लिए यह नीला पापुलीन...

—अपनी कुर्ती के वास्ते बैंगलोर की सिलक...

—नहीं, सादी छींटें दिखलाओ!

—हमें तो उनके लिए मलमल चाहिए।

इस पर हल्की हँसी सुनाई पड़ी और फिर—लओ जी! हमारे मुल्क में ऐसा महीन मलमल ओढ़नी के लिए पसन्द करते हैं; ठीक है भैणजी?

—छींटें?

—छींटें अब और नहीं हैं...

—ब्लाउज के लिए सादी छींटें तुम्हें भी तो पसन्द थीं, गुंजन!—दुखमोचन लेटे-ही-लेटे बुदबुदाए—कलकत्ता में एक गुजराती मित्र से मैंने कहा था, अहमदाबाद से छींट की दो साड़ियाँ और ब्लाउज के कपड़े मुझे अपनी पत्नी के लिए ला देना...वह तो ले आया, लेकिन तुमने उन कपड़ों को नहीं पहना। गुंजन, मैं उन्हें तुम तक पहुँचा ही कहाँ पाया! आखिर तुम्हारा नाम लेकर मैंने वे कपड़े गंगा में डाल दिये थे। अप्पी को भी छींट के कपड़े उतने ही पसन्द हैं, गुंजन!...

गुंजेश्वरी अपर्णा की माँ का नाम था। दुखमोचन प्यार में उसे गुंजन कहा करते थे। मायकेवालों के लिए वह गुंजी थी। चौदह की थी तो ब्याह हुआ, चौबीस की हुई तो हमेशा के लिए आँखें मूँद लीं। सास की सख्ती से ढकी हुई दूब की तरह पीली हो गई थी बेचारी। सुखदेव को बहू की तन्दुरुस्ती से न कुछ लेना था, न देना। नारायण तो और भी भारी लापरवाह ठहरा। दुखमोचन शील-संकोच के मारे उन दिनों पत्नी के बारे में जबान तक नहीं खोलते थे। तो फिर वही हुआ जो होना था।

वेणीमाधव के दालान पर देर तक दुखमोचन पत्नी की स्मृतियों में डूबते-उतराते रहे। उन्हें पता नहीं, कब तक हवेली में मोल-भाव और खरीद-फरोख्त की उथल-पुथल मुखरित होती रही। उन्हें यह भी पता नहीं कि कब फेरीवाले

निकलकर दूसरे घरों की तरफ चले गए थे।

दुखमोचन को नींद आ गई तो डेढ़ घंटा तक सोते रहे।

वेणीमाधव की ऊँची आवाज सुनकर दुखमोचन ने पलकें खोलीं। सूरज डूब चुका था। नीले आसमान की ठंड और भारी सूनापन अन्धकार की विराट् भूमिका बनाने जा रहा था।

दालान से ज़रा हटकर खलिहान था। धान के ढेर कई रोज पहले ही हवेली के अन्दर पहुँच चुके थे। अब पुआलों की टालें ही बाहर रह गई थीं। चार बैल एक ओर लम्बी नाँद में मुँह डाले सानी-भूसा खा रहे थे। उनसे थोड़ी दूर पर दो भैंसें बँधी थीं, हरी घास का एक-एक ढेर उनके सामने था।

डोल रस्सीसहित कुएँ में गिर गया था। आज तीन रोज से पानी भरनेवाली मजदूरिन का पता नहीं था। घर की औरतों को चालीस-चालीस डोल पानी खींचने की आदत नहीं थी। आठ घड़े सुबह, आठ घड़े शाम, रोज-रोज कौन इतना पानी भरे! उस पर भी डोल नदारद!

वेणीमाधव बाहर से लौटा था। डोल नहीं था कि हाथ-पैर-मुँह धोकर ताजा हो लेता, फिर इत्मीनान से बैठता। छोटे भाई जयमाधव पर गुस्सा आ रहा था कि बहन ने सामने आकर डोल के न निकाले जाने की शिकायत की। गुस्सा और भड़क उठा—कहीं से झग्गड़ मँगवाकर डोल निकाल लिया होता सो नहीं, मेरा माथा खाने आई है! लाट साहब क्या करते रहते हैं सारा वक्त?

बहन सहमकर चुप हो गई, मगर इस ऊँची आवाज ने दुखमोचन को जगा दिया। करवट बदलकर उन्होंने पूछा—नाहक क्यों गरम होते हो? हमारे घर से झग्गड़ ले आओ चलकर, बस बात खत्म हुई!

वेणीमाधव व्यंग्य की हँसी हँसा और बोला—हो गई खत्म बात! बस, झग्गड़ कुएँ में डालकर डोल निकाल लो कि हुई छुट्टी! अरे, मैं तुमसे पूछता हूँ कि हरामजादी ने पानी भरना क्यों छोड़ दिया? तबीयत करती है साली को पकड़ लाऊँ और गिनकर सौ जूते लगाऊँ...

दुखमोचन उठ बैठे। अँगड़ाइयाँ लीं और बोले—गाली-गलौज और मार-पीट से तो मामला बिगड़ेगा ही। आखिर बात क्या थी? क्यों छोड़ दिया है पानी भरना उसने?

वेणीमाधव की बीस-साला विधवा बहन दालान की खम्भेली से लगकर खड़ी थी। उसने कहा—देवर के बहकाने से हमारी पनभरनी का माथा फिर गया है। वह कलकत्ता रहता है, दस दिन के लिए आया है। यों तो छुट्टी का बखत कटेगा नहीं, आठों पहर भौजाई से गप्पें लड़ाता रहता है...

—क्या कहती थी? काम छोड़ने का कोई तो कारण बताया होगा?

—कहती थी, कलकत्ता में इतना पानी भरनेवाली पन्द्रह रुपैया महीना लेती है। दो बालटी नलके का पानी यहाँ से उठाकर चार कदम पर वहाँ रख दिया, तो फी महीना पाँच ठो रुपया धरा है...

—तो अब हम उसका तलवा चाटें?—वेणीमाधव के अन्दर की उफान बाहर आई। उसका जी कर रहा था कि मजदूरिन का नाम लेकर ढेर-सी गालियाँ बक जाए, लेकिन दुखमोचन के लिहाज से जीभ को काबू में रखना पड़ा।

दालान के आले में ढिबरी पड़ी थी। एक लड़की आई, उठा ले गई। वेणीमाधव उठकर खलिहान की तरफ गया, कुआँ उधर ही था। दुखमोचन ने पुकारकर कहा—पानी मेरे लिए भी लेते आना।

बहन के अगले दो दाँत निकले हुए थे। सूरत साँवली थी। आँख-नाक-होंठ ठिकाने के थे। स्वास्थ्य अच्छा था। बोली में मिठास थी।

दुखमोचन ने पूछा—अब वह किस शर्त पर काम करेगी, तुमने मालूम नहीं किया, माया? या फिर दूसरी मजदूरिन को रख लो...

माया बोली—माँ ने उसकी सास से पूछा था। उसने बताया कि बहू किसी का कहा नहीं मानती। सास तो उसे फूटी आँखों भी नहीं सुहाती...भाभी ने और भी कई मजदूरिनों से कहा था, लेकिन कोई तैयार नहीं होती। पता नहीं क्या बात है, भैया!

दुखमोचन चुप रहे। सोचा, मामी से पुछवाकर असल भेद का पता लगाएँगे।

साबे घास की इकहरी डोरी लोटे के गले में फँसाकर वेणीमाधव ने कुएँ से पानी निकाला, हाथ-पैर धोए, मुँह-कपाल को पानी के छींटे दे-देकर तर किया। एक लोटा पानी लाकर दुखमोचन के भी सामने रखा।

दुखमोचन ने भी हाथ-मुँह धोया।

काँसे की थालियों में भुने हुए चिवड़े और मछली के तले टुकड़े आए तो दोनों ने नाश्ता किया।

लड़की ढिबरी जलाकर रख गई। दुखमोचन ने अभी तीन रोज़ पहले सिर मुँड़ाया था, घुटी हुई चाँद इस मामूली रोशनी में भी चमक उठी। सुपारी के टुकड़े लेकर माया फिर आ गई, बोली—बालों के बिना दुखन भैया का चेहरा उदास लगता है...सुपारी लीजिए भैया...क्या ही अच्छा होता, रात-ही-रात में आपके बाल दो अंगुल बढ़ जाते, दुखन भैया!

इस पर दुखमोचन और वेणीमाधव हँसने लगे।

फिर दोनों उठकर दालान से नीचे उतरे।

छोटे-छोटे दो बच्चे आकर वेणीमाधव की टाँगों से लिपट गए। उनमें भी जो ज्यादा छोटा था, वेणी ने उसे उठाकर कन्धे पर बिठा लिया। इतने में दूसरा टाँगों के बीच अपनी गरदन फँसाकर इधर-से-उधर, उधर-से-इधर आने-जाने लगा।

दुखमोचन ने हँसकर कहा—कहाँ थे अब तक ये बन्दर!

वेणीमाधव बोला—दोनों चुग रहे होंगे अन्दर!

फिर दोनों ने कहकहे लगाए और बच्चों से पीछा छुड़ाकर रास्ते पर आ गए।

नित्याबाबू का बैठकखाना गुलजार था। पोती का दूल्हा आया हुआ था; दो-तीन मेहमान और भी थे। रेडियो पर चौपाल के अन्तर्गत 'लोहासिंह' नाटक चल रहा था। पाँच-सात पड़ोसी भी आकर बैठ गए थे। नित्याबाबू खुद नहीं थे लेकिन उनकी नफीस छड़ी दीवार से लगी खड़ी थी।

दुखमोचन और वेणीमाधव अपनी राह पकड़े सीधे चले आए।

सुखदेव आसन पर बैठकर दाहिने हाथ की उँगलियों से नाक दबाए प्राणायाम कर रहे थे। आहट पाकर उन्होंने एक नजर आगंतुकों पर डाली और तसल्ली हो गई तो फिर आँखें मूँद लीं।

काला कुत्ता दुम हिलाता हुआ सामने आया।

दुखमोचन अन्दर चले गए, वेणीमाधव दालान में जाकर तख्तपोश पर बैठा। सामने वाला खलिहान खाली था।

दो-तीन मिनट बाद ही दुखमोचन बाहर निकल आए। झग्गड़ वेणीमाधव

को थमाकर बोले—काम हो जाए तो तुरन्त भिजवा देना।

झग्गड़ लेकर वेणीमाधव लौट गया।

दुखमोचन गाय-बैलों के नजदीक ज़रा देर के लिए बैठे।

गाय आजकल दूध नहीं दे रही थी, बछड़ा भी अब पी नहीं सकता था। कभी थन से थूथन लगा देता तो हड़क उठती। अभी बछड़ा अलग बँधा घास खा रहा था। गाय और बैलों के सामने सानी-भूसी थी—एक नाँद गाय के लिए और दूसरी दोनों बैलों के लिए।

बैल बस दो थे—तन्दुरुस्त और नाटे कद के। सूरत उनकी सँवलिया थी। हल खींचने में दोनों बहादुर थे। जिन खेतों में धान उपजते हैं, बैसाख-जेठ की पहली जुताई के समय उनकी मिट्टी बेहद कड़ी होती है। जवान हलवाहा हो, मजबूत बैल हों, तेज और नुकीली फार हो, तभी वे खेत जोते जा सकते हैं। क्वार-कातिक या माघ-फागुन में हल्की-भुरभुरी मिट्टीवाले खेतों में तो बूढ़े बैल भी हल खींच ले जाते हैं। ये मामूली नहीं, परगना बजौर के तेज-तर्रार बैल थे। पाँच सौ पचास रुपये गिनकर सीतामढ़ी के मवेशी-हाट से दुखमोचन और वेणीमाधव इन्हें लाए थे। यहाँ इनका यह तीसरा वर्ष था।

गाय दो बार ब्याई थी अब तक। दुखमोचन को ससुराल से एक गाय मिली थी, यह उसी की सन्तान थी। पत्नी की याद दिलानेवाली जो भी वस्तुएँ रह गई थीं, उनमें यह गाय भी एक थी।

बैलों के नजदीक पाँच मिनट बैठकर वह गाय के करीब आ गए। पूस की धुँधली चाँदनी में उसके मुठिया सींग चमक रहे थे। गले में कौड़ियों की तीन लड़ोंवाली माला थी। रंग काला-सफेद मिलाकर चितकबरा था। कद नाटा।

जीभ निकालकर उसने दुखमोचन को चाटना चाहा। उन्होंने अपने बाएँ हाथ की कलाई आगे कर दी। गरम-गरम खुरदरे स्पर्श से गुदगुदी लगी तो हाथ हटा लिया।

इतने में दस-ग्यारह साल का एक लड़का अन्दर से आया और बोला—काका, मामी ने बुलाया है।

क्या है?—दुखमोचन ने पूछा—अच्छा जोगी, चल तू! मैं अभी आया...

जोगी वापस चला गया। यह छोटे भाई नारायण का इकलौता लड़का था,

योगेन्द्र। प्यार से लोग जोगेंदर या जोगी कहते थे। पतला-छरहरा, गोरी सूरत। चेहरा चौड़ा और भरा-भरा-सा था।

दुखमोचन दो मिनट बाद हवेली के अन्दर गए।

सुखदेव खाना खा रहे थे। अपर्णा और योगेन्द्र पढ़ने-लिखने में लगे थे। टुनू के सामने भी कोई किताब थी।

मामी ने कहा—तुम देर से खाना खाओगे?

—हाँ, मामी, अभी नहीं!

—अच्छी बात है।

फिर मामी ने धीरे-से कहा—अभी-अभी तुम झगड़ लेने आए थे तो कह गए थे एक बात पूछनी है...भला क्या बात थी?

दुखमोचन ने आहिस्ता-से कहा—भैया को खाना खाकर उठने दो, वह बाहर जाएँ तो बतलाऊँगा...जल्दी क्या है?

मामी को तसल्ली हुई तो माथा हिलने लगा।

दुखमोचन ने कुरता निकाल लिया और इशारे से अपर्णा को नजदीक बुलाया। बनियाइन पहने रहे, लेकिन कुरता लड़की को थमा दिया और बाहर निकल आए।

पूरब की तरफ आसमान में दशमी का चाँद काफी ऊपर उठ आया था। कोहरे ने चाँदनी को फीका कर रखा था। फीका आसमान और फीके तारे!

सर्द हवा के झोंके लगे तो दुखमोचन ने गाय और बैलों की तरफ देखा। आज चरवाहा तमाशा देखने निकल गया था। नदी के पार लखनौली गाँव में एक कोइरी-भगत पर हर मंगलवार की रात को बरहम देवता चढ़ता था। पास-पड़ोस के इलाकों से लोग देवता से सवाल पूछने पहुँचते थे। भारी मेला जुटता था।

दालान की दाहिनी ओर मवेशियों के लिए छोटा-सा घर था, गाय और बैलों को दुखमोचन उसके अन्दर बाँध आए। फिर अलाव के पास बैठे हाथ सेंकते रहे।

मौका पाकर मामी से उन्होंने पानी भरनेवाली मजदूरिन का जिक्र छेड़ा जिसने वेणीमाधव के यहाँ काम छोड़ दिया था।

मामी ध्यान से सारी बातें सुनती रहीं, फिर बोलीं—पिछले महीनों में और

भी कई घरों में मजदूरिनों ने झगड़ा-झंझट खड़ा किया है। कई-कई रोज तक पानी भरना छोड़ देती हैं ये, तो भले घरों की औरतों का बुरा हाल हो जाता है। हमारी महरी भी एक बार कुनमुनाई थी, मैंने उसे अपनी नई धोती देकर मना लिया। अब वे छः आने माहवारी पर काम नहीं करना चाहतीं। जमाना तेजी से बदल रहा है, बबुअन! और है भी तो यह पुराना रेट...

बच्चे खाना खाकर उधर गप-शप कर रहे थे। टुनू सो चुकी थी। मामी मलसी सामने रखकर उसमें तकली नचा रही थीं, जनेऊ के लिए रुई हमेशा से वह खुद ही कातती आई थीं। एक तरफ डाली में कते सूतों के लच्छे और रुई की पूनियाँ पड़ी थीं...मलसी के अन्दर नाचती हुई तकली 'किर्र किर्र' की लगातार आवाजों से रात की चुप्पी को खरोंच रही थी।

दुखमोचन पीढ़े पर बैठे थे। उनकी निगाहें तकली की तरफ थीं, लेकिन कान कुछ और सुनने की प्रतीक्षा में सजग थे।

मामी ने तकली की रफ्तार कम कर दी। नई पूनी के रेशों को तार के छोर से छुआकर उन्होंने एक बार दुखमोचन की तरफ पूरी निगाहों से देख लिया। बाल न होने से दुखमोचन का सिर छोटा और उदास मालूम पड़ा। वह फिर तकली पर नजर जमाकर सूत कातने लगीं। कुछ क्षण बाद बोलीं—तुम्हीं से तो सुना है कई बार कि कारखाने कई-कई महीने बन्द रह जाते हैं। पंचों के बीच-बचाव से या माँगें मनवा लेने के बाद ही मजदूर काम पर वापस आते हैं...अब यहाँ भी समझ लो कि महरियों ने हड़ताल कर दी है, जब तक उनका वेतन नहीं बढ़ेगा, वे काम पर वापस नहीं आएँगी।

दुखमोचन को हँसी आ गई, बोले—खूब उड़ाती हो तुम भी, मामी! भला यहाँ टमका-कोइली गाँव में कौन-सा कारखाना है कि कोई हड़ताल करेगा? घरों में पानी भरनेवाली मजदूरिनों की क्या तादाद होगी, बताओ तो?

—अब यह तो तुम्हारा काम है कि उनका पता लगाकर सही तादाद मालूम करो, मैं क्या बताऊँ?

—तुम्हारी राय में कितनी तनख्वाह महरियों को मिलनी चाहिए?

—सिर्फ पानी भरने पर एक रुपया और बरतन-बासन माँजने, झाड़ू-बुहारी करने पर अठन्नी और...बबुअन, शहर का हाल तो तुम्हें ही मालूम है, मगर

देहात में भी अब चीज-बस्त के दर-भाव खूब ऊँचे चढ़ गए हैं। पुराने जमाने की महरियाँ नहीं हैं ये कि चार-छ: आने महीनेवारी पर तुम लोगों के तलवे सहलाती रहेंगी...नारियल का खुशबूदार तेल और प्लास्टिक की लम्बी कंघी इनके घरों में भी पहुँच चुकी है, बबुअन! इनके घरों के भी मर्द रेल और स्टीमर पर सवार होकर कलकत्ता हो आते हैं। इन्होंने भी अपनी मेहनत का रेट बढ़ाने का इरादा कर लिया है।

दुखमोचन चुपचाप मामी की बातें सुनते रहे। उन्हें वेणीमाधव की झल्लाहट याद आ रही थी। माया से जो-कुछ सुना वह सब याद आ रहा था। पाँच-सात साल पहले देहाती मज़दूरों के भाई-बन्दों ने अपनी पंचायत में फैसला किया कि ऊँची जातवालों के यहाँ अब वे अपमानजनक तरीकों से न कोई काम ही करेंगे, न कुछ इनाम-इकराम ही लेंगे। जूठन में चाहे अमृत ही क्यों न रह गया हो, उसे कोई नहीं उठाएगा...बड़े लोगों में इससे खलबली मची थी, लेकिन दुखमोचन को यह सब अच्छा लगा था।

वह कुछ देर तक गुमसुम बैठे रहे। मामी तकली पर महीन सूत कातती रहीं। बीच-बीच में अपर्णा की दबी हँसी सुनाई पड़ती थी।

मामी ने कहा—बस, एक पूनी और बच गई है। चलो, पीछे कात लूँगी। भात ठंडा हो जाएगा, खाना खा ही लो!

—नहीं, इसे भी तुम कात ही डालो!—दुखमोचन उठते हुए बोले—मैं अभी आया।

छह

माया विधवा थी और कपिल विधुर था। दोनों की उम्र में चार-पाँच वर्ष का अन्तर था।

पिछले साल-डेढ़ साल के अन्दर दोनों का स्नेह-सम्पर्क बेहद गाढ़ा हो गया था। दोनों की नीयत थी कि पति-पत्नी की तरह साथ रहें और स्वस्थ जीवन बिताएँ, लेकिन यह आसान नहीं था। एक तो विधवा-विवाह ही इस गाँव के लिए अनहोनी घटना थी, दूसरे कपिल राजपूत था।

जयमाधव और कपिल स्कूल के साथी थे। दोनों ने साथ-साथ मैट्रिक की परीक्षा दी थी। कपिल पास कर गया था, जयमाधव फेल। अगले वर्ष जयमाधव की शादी हुई और पढ़ना छूट गया। कपिल बनारस रहकर बी.ए. तक पढ़ा। पिता मर गए, जोरों की बाढ़ आई और पीछे सूखा पड़ा। कपिल आखिर बी.ए. की परीक्षा दोबारा नहीं ही दे पाया।

परिवार की आर्थिक स्थिति अब विषम नहीं थी। भाई और भाभी खूब मानते थे और वामपंथी राजनीति की तरफ अभिरुचि थी। घरवालों ने कभी नहीं

कहा था कि नौकरी करो। यह भी नहीं कहा कि आगे की पढ़ाई फिर से शुरू करो। शादी के छः महीने बाद ही कपिल की पत्नी प्लेग में मर गयी तो जात-बिरादरी के लड़कीवाले इर्द-गिर्द मँडराने लगे। मोटी रकमों के दसियों प्रलोभन थे, मगर बड़े भाई अखिल की लार नहीं टपकी। उसने कपिल को इस मामले में भी स्वतंत्र छोड़ दिया था।

कपिल की समझ में नहीं आता था कि क्या करे। मनोरथ की पूर्ति का सीधा रास्ता था माया को भगा ले जाना और बाहर-ही-बाहर कहीं शादी कर लेना। मगर कपिल की प्रबुद्ध चेतना वैसा करना दुराचार और अविवेक मानती थी। या तो माया को पत्नी बनाने का खयाल ही छोड़ दे, या फिर उसके अभिभावकों का समर्थन हासिल करे। तीसरा कोई विकल्प वह सोच ही नहीं सकता था।

माया अपनी माँ और भाभियों की दुलारी थी। भाई तीन थे, मगर बहन तो यह एक ही थी उनकी। जिससे शादी हुई थी वह कुलीन लेकिन दरिद्र परिवार का लड़का था। बाढ़ से उफनती हुई 'बूढ़ी गंडक' पार कर रहा था, भँवर में पड़कर नाव उलट गई तो वह भी डूब गया। लाश का पता नहीं चला। जब से विधवा हुई थी, तब से माया ससुराल नहीं गई। बूढ़ी सास थी, आवारा देवर था। खेत-वेत थोड़े थे, निर्वाह बड़ी मुश्किल से होता था। माँ और बड़ी भाभी के आग्रह से माया मायके में ही जम गई थी।

मझले भाई जयमाधव की पत्नी उसकी हम-उम्र थी और दोनों में खूब हेल-मेल था। वे एक-दूसरे का नाम नहीं लेती थीं, 'प्रान' 'प्रान' कहकर पुकारती थीं। आपस में शायद ही कोई बात छिपाती रही हों। और, यही हाल जयमाधव और कपिल का था। वे एक-दूसरे को 'मीत' कहते थे। यह मित्रता बचपन से ही चली आई थी।

दोनों भाई बाहर गए हुए थे। छोटा भाई नीलमाधव मैट्रिक की तैयारी के सिलसिले में पिपरा बाजार हाई स्कूल की बोर्डिंग में रहता था। बड़ी भाभी पड़ोस में गप्पें लड़ाने गई थी और माँ उसना चावल तैयार करने के लिए कनस्तरों में धान उबाल रही थीं।

माया स्वेटर बुन रही थी। कपिल आहिस्ता-से आया और खड़ा हो गया।

माया की माँ ने देखा तो मुस्कराई। इशारे से कपिल ने बताया कि वह कुछ बोलें नहीं...

हमेशा इसी तरह कपिल आता था और माया को चौंका देता था। फिर दोनों हँस पड़ते थे। माँ भी साथ देती थीं हँसने में।

कुछ क्षण खड़ा रहकर कपिल और भी करीब आ गया। पॉकिट से पेन निकालकर माया की पीठ में भिड़ा दी तो वह चिहुँक उठी। पीछे गरदन घुमाकर देखा—

—ओह, तुम हो! मैं तो डर गई...

—इसमें डरने की क्या बात थी?

—एकाएक पीठ से उँगली-सी कोई चीज छू जाए तो तुम भी इसी तरह डरोगे...

कुछ क्षण तक दोनों हँसते रहे, उधर माँ भी मुस्कराती रहीं।

माँ को यह पता था कि दोनों एक-दूसरे से प्यार करते हैं। पिछले साल गरमियों में माया की गरदन पर एक भारी फोड़ा निकला। टीस बढ़ती गई, दिन गुजरते गए। मगर फोड़ा पककर फूटा नहीं। जयमाधव और कपिल उसे लहेरियासराय के बड़े अस्पताल ले गए। चीर-फाड़ तो मामूली ही हुई थी, लेकिन घाव भरते-भरते दस रोज लग गए। जयमाधव बीच-बीच में गाँव आ जाता था। तीमारदारी का पूरा भार कपिल ने ही उठाया था।

माँ ने हुलसकर कहा—कई दिनों के बाद आए हो। कहाँ गए थे, बेटा?

कपिल बोला—कहीं नहीं गया था चाची, यहीं था...

—तो आए क्यों नहीं?

—माया नाहक उस रोज मुझसे झगड़ पड़ी थी...

—नहीं माँ, झूठ! बिलकुल झूठ!!

माँ हँसने लगीं। हँसती-हँसती घर के अन्दर चली गईं।

छोटी बहू भाई के गौने के सिलसिले में मायके गई हुई थी। कपिल ने पूछा—छोटी भाभी कब तक लौटेंगी, माया?

ऊन का लच्छा और सलाइयाँ एक ओर रखकर माया पीढ़ा ले आई। कपिल बैठा।

बिनाई चालू करते हुए माया ने कहा—छोटी भाभी के बारे में पूछा था न? वह होली के बाद ही लौटेंगी अब...

कुछ क्षणों की चुप्पी के बाद धीमी आवाज में कपिल बोला—तो तुम तैयार हो न, माया?

माया ने इधर-उधर देखा, कोई नहीं था। फिर भी वह चुप रही। चेहरे पर गम्भीरता छा गई थी। बिनाई के काम में मन को जमाए रखना मुश्किल पड़ने लगा।

—बोलती नहीं हो कुछ? क्या बात है, माया?

—मेरी तैयारी से क्या होगा?

—वाह! बाकी सबकुछ ठीक हो और तुम्हीं तैयार न रहो तो सारा मामला बिगड़ जाएगा...नहीं माया, गलत कहता हूँ?

—तुम भला गलत कहोगे?

—मेरी बातों का मखौल न उड़ाओ, माया!

—नाराज हो गए?

कपिल चुप था। उसका चौड़ा और गोरा मुखमंडल बड़ी-बड़ी आँखों की तरह उदासी को खुलकर उभरने नहीं दे रहा था। छोटी मूँछें, पतले होंठ, उभरी हुई ठुड्डी...

माया ने गौर से कपिल की तरफ देखा।

वह अब भी मौन था।

माया शान्त और गम्भीर स्वर में बोली—उस रोज कह गए थे कि दुखमोचन भाई को यह सारी बात खुलासा करके लिखोगे और प्रार्थना करोगे कि मेरे भइया को समझा-बुझाकर राजी कर लें...मुझे तो बस उन्हीं का भरोसा है। तीन साल पहले की बात है, लखनौली की एक लड़की जनकपुर के मेले में गायब हो गई थी। ढाई महीने बाद पटना के अनाथ महिलाश्रम से उसका पता चला। समाज के डर से घरवाले उसे वापस लेने का विचार छोड़ चुके थे। दुखमोचन भाई ने कई दिनों तक लखनौलीवालों को समझाया-बुझाया, लोग आखिर राजी हो गए और लड़की घर लौट आई। पीछे खादी भंडार के एक कार्यकर्ता से दुखमोचन भाई ने उसकी शादी करवा दी थी...

कपिल ने कहा—सुना तो मैंने भी था। अखबारों में खबर छपी थी—'मैथिल विधवा की भूमिहार युवक से शादी...'

—फिर नहीं छप सकती है इस तरह की खबर?

—नित्याबाबू जैसे दकियानूस यह काम होने भी तो दें!

माया ने छूटते ही कहा—क्या कर लेंगे नित्याबाबू? दुखमोचन भाई अगर हमारी पीठ पर अपना हाथ रख दें तो किसी की नहीं चलेगी। नित्याबाबू को अब पूछता ही कौन है? अच्छा, यह तो बताओ कि दुखमोचन भाई तक अपनी बातें तुमने पहुँचा दीं न?

—पहुँचा दी थीं—कपिल बोला, मगर आवाज बिलकुल फीकी थी—ऐसी कि माया को यकीन ही नहीं हुआ इस बात पर। वह बुड़बुड़ाई—नहीं, तुम झूठ बोल रहे हो, कपिल!

कपिल अपने झूठ पर अड़ नहीं सका, आखिर चुप रह गया। निगाहें नीचे की ओर धरती पर जमी थीं। संकोच ने साहस को पछाड़ दिया था, माया अच्छी तरह समझ रही थी।

वह बोली—कोई बात नहीं, अब मैं कोशिश करूँगी...

कपिल की पीठ पर मानो चाबुक पड़ी हो। वह तनकर बैठा। निगाहें माया के चेहरे पर अटक गईं। हड़बड़ी में कह गया—तुम? दुखमोचन भाई से तुम कहने जाओगी यह सब? नहीं, यह हो नहीं सकता, माया, कभी नहीं! वह मुझे कैसा घोंचू समझेंगे? तुम दो दिन की मुहलत मुझे और दो...

माया के मुँह से एक शब्द भी नहीं निकला। आँखें उँगलियों, सलाइयों और ऊन के लच्छे पर थीं। आज ही उसने डेढ़-साला भतीजे के लिए पूरी बाँहों का स्वेटर बिनना शुरू किया था, बाँहवाली एक पट्टी बिनी जा चुकी थी और उधर माघ का सूरज डूबनेवाला था।

माँ ने आवाज दी—कपिल को नाश्ता नहीं कराएगी?

माया ने जवाब में कहा—छोटी भाभी मायके से आएँगी तो उन्हीं के हाथों से तैयार नाश्ता इनको मिलेगा...

माँ खिलखिलाकर हँसीं—तो बाकी लोग इस परिवार में कपिल के दुश्मन हैं? कैसी बात करती है तू भी!

—नहीं, चाची!—कपिल ने सँभलकर कहा—नाश्ता आज मैं करके चला था।

—तू तो भारी लजकोटर है, कपिल!

—और यही बात मैं कहूँ तो मुँह फुला लेंगे बाबू साहब!

माया ने गाल फुला लिए और कपिल की ओर शरमाते हुए देखा। कपिल भीतर-ही-भीतर कटकर रह गया। अभी कुछ ही क्षण पहले माया ने उसकी यह कमजोरी पकड़ी थी। अकारण और अनावश्यक लज्जा-संकोचवाली अपनी यह भारी दुर्बलता खुद को ही खलने लगी...नाश्ता नहीं किया था, फिर भी कह रहा था कि करके आया है!

वस्तुतः यह कपिल की पुरानी कमजोरी थी।

माया ने कहा—भैया आते ही होंगे, उनके लिए चिउड़ा तलने जा रही हूँ। तुम यह न समझ लेना कि सिर्फ तुम्हारे लिए नाश्ता तैयार होगा...

अब कपिल कुछ नहीं बोला।

माया उठी और रसोईघर में घुस गई, लेकिन कपिल पीढ़े पर उसी तरह बैठा रहा।

आज रात को वह जरूर दुखमोचन तक अपनी बातें पहुँचा देगा। प्रार्थना करेगा कि शीघ्र-से-शीघ्र यह काम हो जाय...और अगर...

कपिल के चिन्तन की चरखी घूमने लगी—और अगर दुखमोचन भाई को यह सम्बन्ध अनुचित जँचे, अनर्गल मालूम हो यह रिश्ता तो साफ बतला दें...मगर क्यों दुखमोचन भाई को कोई हिचक होगी? क्यों नहीं वह 'स्वस्ति' कहेंगे...मेरे भैया तो मान ही जाएँगे, असल कठिनाई है माया के बड़े भाई वेणीमाधव को रास्ते पर ले आना...और यह कठिनाई दुखमोचन भाई हल कर ही लेंगे...

नजदीक आकर माया की माँ ने कपिल के कन्धे पर बायाँ हाथ रख दिया। सवेरे से धान उबाल रही थी, चूल्हे में भूसी और सूखे पत्ते झोंकते-झोंकते दाहिना हाथ काला पड़ गया था।

—किस फिकर में पड़े हो, बेटा?

—नहीं चाची, किसी फिक्र में नहीं पड़ा हूँ।

मशीन की तरह कपिल के मुँह ने शब्द उगल दिये। वह सूनी निगाहों से वृद्धा की तरफ देखने लगा।

—नहीं बेटा, कोई बात होगी!

—उँहुँ!

माया ने उधर रसोईघर से कपिल के पक्ष को सँभाला, बोली—इनको सोचने का रोग लग गया है, माँ!

कपिल ने मुस्कराने की कोशिश की तो माया की माँ ने आँख-भौंह चमकाकर कहा—कठहँसी से मुझे तुम ठग नहीं सकोगे, मैं सब समझती हूँ, बेटा!...

बड़ी बहू पड़ोस के घरों का फेरा लगाकर वापस आ गई। उसने भी शिकायत की कि कपिल अब कई-कई रोज बाद क्यों आता है...

भीतर की दुनिया को छोड़कर कपिल को अब बाहर आना पड़ा। बड़ी भाभी की बातों में दिलचस्पी लेना आवश्यक था न!

घी में तले हुए चिउड़े और...और परवल का अचार—काँसे की छिपिया में नाश्ता आया; पीतल के गिलास में पानी।

जैसे-तैसे नाश्ता करके कपिल बाहर निकल आया।

अपने घर पहुँचकर उसने दुखमोचन के नाम एक पत्र लिखा और उसे लिफाफे के अन्दर डाल दिया। अपने संकल्प के अनुसार आज ही सबकुछ वह दुखमोचन के दरबार में पेश करने चला। चलते समय अपनी भाभी से इतना-भर कहता आया कि रात को वह कुछ देर से लौटेगा।

गाँव में राजपूतों के आठ-दस परिवार ही थे। उनके पास काफी तो नहीं मगर कामचलाऊ जमीन-जायदाद थी और साधारण तौर पर वे सुखी थे। सिसोदिया खानदान का एक राजपूत सरदार ढाई-तीन सदी पहले पश्चिम में आकर नेपाल-तराई में बागमती के किनारे आबाद हो गया था। उसके सात बेटे और ग्यारह पोते थे। उन्हीं में से एक आकर यहाँ टमका-कोइली में बस गया था...गाँव से पश्चिम पाँच हजार बीघा जमीन का एक बड़ा चक उसे राजा

रत्नेश्वरी नन्दनसिंह के पूर्वजों से पारितोषिक मिला था। आधी से अधिक जमीन दूसरों की हो गई थी, फिर भी उन आठ-दस परिवारों के लिए उतनी जायदाद काफी थी। अखिलेश्वर और कपिलदेव के पिता का नाम था बाबू परमेश्वरसिंह। पाँच सौ बीघा जमीन के मालिक थे। शाहखर्ची उनमें कूट-कूटकर भरी थी। मरे तो पन्द्रह हजार का कर्ज छोड़ गए थे। अब भी ढाई-तीन सौ बीघा जमीन अखिल और कपिल के अधिकार में थी अवश्य, लेकिन उपज का हाल अच्छा नहीं था। कभी बाढ़, कभी सूखा! दूसरे काश्तकारों की तरह ये लोग भी तबाह थे, इनकी भी पुश्तैनी जायदाद साल-दर-साल छीजती जा रही थी।

राजपूतों का यह टोला गाँव के पश्चिम-दक्षिण कोने में आबाद था। इनके घरों की दीवारें पक्की ईंटों की थीं। दूर से ही इनके मकान चमकते थे।

कपिल दुखमोचन से मिलने चला तो शाम अच्छी तरह उतर आई थी। माघ की अमावस थी शायद आज। कई दिनों से पछिया हवा चल रही थी। जाड़ों की कनकनी हाड़-हाड़ को छू रही थी मानो! खद्दर की कमीज पर भागलपुरी अंडी डालकर कपिल घर से निकला था, कोट लेने की सुध ही नहीं रही।

गाँव के दक्षिण छोर पर पहुँचकर उत्तर की तरफ मुड़ा ही था कि मिहिरकुमार और अमलेंद्र मिल गए। उनसे पता चला कि दुखमोचन इलाके के एम.एल.ए. बाबू शुभंकर राय के लड़के की शादी में बरात के साथ सहरसा गए हैं, परसों-तरसों लौटेंगे। थोड़ी देर कपिल नौजवानों से बातें करता रहा, फिर वापस आ गया। एक बार इच्छा हुई कि पत्र मामी को दे आए, फिर सोचा कि कहीं खोलकर वह पढ़ न लें।

ये दो-तीन दिन उसके बड़ी बेचैनी से कटे, किन्तु मन संकल्प से डिगा नहीं। हाँ, इतना जरूर हुआ कि लिफाफा फाड़कर पत्र का मजमून बार-बार देखा। उसमें एक-आध लाइन घटाई और बढ़ाई। फिर लगा कि यह आवेग में लिखा गया था, शान्त और स्थिर चित्त से पत्र दोबारा लिखा जाना चाहिए। खैर, दूसरी दफा लिखा गया पत्र।

तीसरे रोज कपिल से रहा नहीं गया। दोपहर का खाना खाकर वह पिपरा बाजार चला गया। प्रजा-समाजवादी पार्टी की थाना-कमेटी के दफ्तर में

साथी सिंहासनराय से बातें करता रहा और शाम को पाँच बजे ट्रेन-टाइम पर स्टेशन पहुँचा।

गाड़ी तो वक्त पर आई, लेकिन दुखमोचन नहीं आए। साथी सिंहासन की राय हुई कि एकान्त में मिल लेना आवश्यक है, रात की ट्रेन से आ ही जाएँगे दुखमोचन।

कपिल शाम को गाँव नहीं लौटा, बाजार में ही रह गया। बहुत दिनों के बाद दो साथी मिले थे। जमकर बातचीत चली। समान आस्थावाले दो दिलों की अटूट मैत्री थी। लगता था कि रात बीत जाएगी लेकिन गप्पों का सिलसिला खत्म नहीं होगा...आधी रात को एक बजे दक्षिण से ट्रेन आती थी। दोनों मित्र स्टेशन पहुँचे। पान और बीड़ी और गप्प...डेढ़ घंटे की इन्तज़ारी के बाद ट्रेन आई, बेहद लेट थी। गनीमत यही थी कि दुखमोचन दिखाई दे गए।

सिंहासन ने झोला थामते हुए कहा—अब इत्ती रात को कहाँ जाएँगे, दुखमोचन भाई? चलिए, पार्टी-ऑफिस में सो लीजिएगा। क्यों कपिल?

दुखमोचन ने हँसकर कहा—बड़े आराम से आया हूँ भाई, सेकंड क्लास का सफर था न!

—सहासन बोला—माले मुफ्त दिले बेरहम! आखिर आप भी सही रास्ते पर आ रहे हैं अब। है न दुखमोचन भाई?

इस पर तीनों खुलकर हँसे।

स्टेशन के फाटक से निकलते-निकलते दुखमोचन ने सिंहासन से कहा—शुभंकर बाबू सर्वोदयी आदर्शों पर चलनेवाले कांग्रेसी ठहरे। लड़का तो बाप से भी दो कदम आगे निकला। उसका हठ था कि तिलक या दहेज के तौर पर एक पैसा भी नकद रकम ली जाएगी तो वह विद्रोह कर बैठेगा। आखिर वही बात हुई। लेन-देन की चर्चा तक नहीं सुनी गई। हाँ, बरातियों के स्वागत-सत्कार में कन्यापक्षवालों ने काफी-कुछ खर्च कर डाला है। देखो न, तीस जने हम जोगियाड़ा से सहरसा गए थे, आना-जाना सेकंड क्लास में ही हुआ है...

साथी सिंहासन मुस्कराता रहा पहले, अब भभाकर हँस पड़ा। बोला—भारी

मालदार होंगे शुभंकर बाबू के समधी। हमारे सर्वोदयी विधायक महोदय ने अपने समधी की इस शाहखर्ची पर अंकुश नहीं डाला? अजी दुखमोचन भाई, देखते चलिए! बहू जब शुभंकर बाबू की हवेली के अन्दर पैर रखेगी तो हजारों का सोना उसके बदन पर होगा...

—सो तो होगा, रायजी!

—फिर कैसे आपने कहा, लड़का बाप से दो कदम आगे निकला?

दुखमोचन चुपचाप चलते रहे।

कपिल ने आहिस्ता-से छोटा-सा बन्द लिफाफा उन्हें थमा दिया। अचकचाकर दुखमोचन ने पूछा—क्या है?

—पीछे इत्मीनान से देख लीजिएगा।

अँधेरे में लिफाफे की सफेदी तो नजर आ रही थी, लेकिन अक्षर बिलकुल अस्पष्ट थे। लिखावट पतली-नीली रोशनाई की थी, इससे वह अक्षरों का मामूली आभास-मात्र दे रही थी।

दुखमोचन ने लिफाफे को सँभालकर पॉकेट में रख लिया। कुछ क्षण बाद साथी सिंहासन से पूछा—दफ्तर में लालटेन तो होगी न?

—है दुखमोचन भाई, मगर आप चलिए भी तो!

—चल ही तो रहा हूँ...अब और कहाँ मिलेगी लालटेन?

पार्टी-ऑफिस में आकर दुखमोचन ने बेताबी से लिफाफा खोला और चिट्ठी पढ़ डाली।

कपिल का दिल धड़क रहा था। वह सोच रहा था कि पत्र पढ़कर दुखमोचन भाई का चेहरा बेहद गम्भीर हो उठेगा, वह चुपचाप लेट जाएँगे और देर तक उन्हें नींद नहीं आएगी...वह किसी से कुछ बोलेंगे नहीं।

लेकिन यह सबकुछ नहीं हुआ।

दुखमोचन ने आदि से अन्त तक वह पत्र दो बार पढ़ा और फिर उसे सँभालकर उसी तरह पॉकेट के हवाले किया।

साथी सिंहासनराय ने पूछा—क्या था, भाई साहब?

स्वाभाविक लहजे में दुखमोचन ने जवाब दिया—कुछ नहीं रायजी, गाँव-गँवई का हमारा अपना मामला है।

इस संक्षिप्त समाधान से साथी सिंहासनराय को तो तसल्ली हो गई लेकिन कपिल का हृदय आश्वस्त नहीं हुआ।

सिंहासनराय और दुखमोचन देर तक बातें करते रहे, मगर कपिल का थका मस्तिष्क शून्य-सा हो गया था, सो उसे नींद आ गई।

सात

नित्याबाबू बारहों महीने अन्दर ही सोते थे और यह तो भला जाड़े का मौसम था।

उजली पंचमी का तिहाई चाँद कब का डूब चुका था। बैठकवाले पक्के मकान के बरामदे में लालटेन की धीमी रोशनी ऊँघ रही थी। सीढ़ियों के दोनों ओर रातरानी की घनी झाड़ें थीं, उनसे उलझ-उलझकर मद्धिम प्रकाश आँगन की सफेद मिट्टी पर चितकबरी परछाईं बना रहा था।

मास्टर टेकनाथ आया तो खम्भे की ओट से कुत्ता गुर्रा उठा। उसे चुमकारकर मास्टर ने शान्त किया तो अन्दर से आवाज आई—क्या है, टेकनाथ?

—बाहर नहीं निकलिएगा?—मास्टर ने कहा और सूखे गले को थूक से तर कर लिया।

बोलने में कलेजे पर जोर पड़ा तो खाँसने लगे नित्याबाबू। खाँसती आवाज में ही नौकर को पुकारा—घुटरा रे! घुटरा रे! घुटरा!

उधर कहीं से निद्रामग्न व्यक्ति की अलस-प्रस्फुट ध्वनि आई जो कि गले से ही नहीं बल्कि नाक से भी निकली—ऊँ...ऊँ...!

फिर नित्याबाबू ने एक वजनदार गाली दी और तब घूटर ने अन्दर से किवाड़ खोला आकर।

टेकनाथ कमरे के अन्दर आया तो घूटर लालटेन उठा लाया बाहर से। अब उसकी नींद अच्छी तरह टूट चुकी थी, बातें सुनने की नीयत से पलँग के करीब ही बैठ गया।

टेकनाथ कुरसी पर बैठा तो नित्याबाबू ने रेशमी लिहाफवाली मोटी रजाई में से माथा बाहर निकाला। गले से ऊपर काश्मीरी शाल की दुहरी लपेट थी... होंठ, नाक और कपार-भर दिखाई दे रहे थे।

थकी बूढ़ी आवाज में नित्याबाबू ने पूछा—क्या बात है, टेकनाथ?

—गाँव की नाक कट रही है, नित्याभाई! वेणीमाधव की बहन का ब्याह हो रहा है फिर से।

—कब? कल कि परसों?

—कल-परसों नहीं नित्याभाई, अभी और इसी वक्त! दूल्हा कहीं बाहर से नहीं आया है...अखिलेश्वर सिंह के छोटे भाई कपिलदेव को शायद आप नहीं जानते हैं, उसी के साथ वेणीमाधव अपनी विधवा बहन की शादी कर रहा है। मुजफ्फरपुर से आर्यसमाजी पुरोहित बुलवाया गया है...

नित्याबाबू का दिमाग एकाएक ऐसी अनहोनियाँ सुनकर फटने लगा। बोले—ठहरो, टेकनाथ ठहरो! मैं समझ नहीं पाया, क्या हो रहा है...वेणीमाधव की बहन का ब्याह? अरे, उसकी शादी तो कई साल पहले ही हुई थी, गौना भी हो गया था। विधवा हो गई थी...

टेकनाथ समझ गया कि आज अफीम की मात्रा ज्यादा ले ली होगी। वह बोला—नित्याभाई, यह दुखमोचन जो न करे! सारी खुराफात अकेले उसी के दिमाग की उपज है, नित्याभाई! आप और मुंशीजी अगर चाहें तो अब भी इस कुकर्म का प्रतिकार हो सकता है...

दुखमोचन का नाम सुनते ही नित्याबाबू की चेतना ने झटका खाया। वह उठे और पलँग की सिरहानेवाली ऊँची पट्टी से पीठ टिकाकर बैठ गए। खाँसते-खाँसते पूछा—अब खुलासा बतलाओ, दुखमोचन ने क्या किया है? वेणीमाधव की विधवा बहन का ब्याह करवा रहा है?...शिव शिव शिव शिव! अब यह गाँव भले आदमी के रहने लायक नहीं रह गया है, टेकनाथ!

नौकर से कहा—गरम पानी तो ले आ घुटरा, कुल्ली करूँगा। मुँह का

स्वाद खराब हो गया है...

फिर टेकनाथ को लक्ष्य करके बोले—मैं तो बूढ़ा हूँ, मगर तुम लोग क्यों नहीं दुखमोचन की नाक में नकेल डालते हो! उसे न किसी का लिहाज रह गया है, न डर। समूचा गाँव उसकी मुट्ठी में है।

—तो इसमें मेरा क्या कसूर है नित्याभाई?

—तो मेरा कसूर है?—खिसियाकर नित्याबाबू ने कहा—क्या करते रहते हो? इतना भी नहीं होता कि चौकस रहकर पास-पड़ोस की गतिविधि का अन्दाज रखो! अब क्या कर लोगे? जाओ, रतजगा करने से क्या फायदा?

सूती कुरते पर खद्दर की चादर ओढ़ रखी थी टेकनाथ ने। नीचे पतली धोती और पैरों में कपड़े के जूते थे। गंगा-जमनी बालों की खूँटियाँ माथे पर चमक रही थीं। चौड़े चेहरे पर नुकीली नाक तो और भी चमक रही थी।

धोती की खूँट से नाक पोंछकर वह बोला—मुंशीजी के यहाँ भी मैं गया था। उन्होंने कहा, यह तुम लोगों का अपना बभनौली मामला है, दूसरी जात के लोग इसमें क्या करेंगे?

—रमाकांत से नहीं कहा?

—वहाँ भी गया था, मगर दुखमोचन का नाम सुनकर वह भी चुप मार गए, नित्याभाई!

—राजकुमार से नहीं मिले?

—मिहिर ने बतलाया, पिताजी निर्मली गए हैं...बस, अब और मैं किसी के यहाँ नहीं जाऊँगा। जब भगवान की यही मरजी है तो हम-आप क्या कर लेंगे, नित्याभाई?

—हुँ...

शाल गरदन के नीचे खिसक आया था। नित्याबाबू की गंजी चाँद लालटेन की मद्धिम रोशनी में चमक रही थी, यद्यपि बीमारी और बुढ़ापे ने साँवले चेहरे को काला कर दिया था।

कुछ क्षण चुप रहकर नित्याबाबू अपने-आप बोलने लगे—हे रावणेश्वर बम्भोलेनाथ, यह कैसा जमाना आया है! जात-पाँत और धर्म-कर्म पर संकट-ही-संकट लदता चला आ रहा है...कल के छोकरे हम बूढ़ों की नाक में कौड़ी

बाँध रहे हैं। चालीस-पैंतालीस की उमर के बाद सिर्फ बाल ही पकने लग जाते हों ऐसी बात नहीं, बल्कि अपमान और तिरस्कार भी शुरू हो जाता है। घर के लड़के तक बात नहीं मानते हैं...अच्छा हो कि दुखमोचन हमारा गला घोंट दें...

फिर एकाएक टेकनाथ से पूछ बैठे—तुम्हारी क्या उमर होगी, टेकनाथ? चालीस! पैंतालीस!

—छियालीस नित्याभाई, और आपकी?

—सड़सठ खत्म ही हुई, अब चैत से अड़सठ चढ़ेगी।—घूटर ने गरम पानी का गिलास लाकर दिया और पीकदानी उठाकर मुँह के नजदीक रखी। नित्याबाबू ने मुँह में पानी लेकर दो-तीन बार कुल्ली फेंकी।

—पान खाओगे टेकनाथ?

—लाइए!

पान देकर बोले—अच्छा, अभी जाकर सोओ अब! हाँ, इतना मैं जरूर कहूँगा कि बड़े बुरे दिन आ रहे हैं...हम तो खैर दो रोज और हैं, मगर तुम-जैसों के लिए जीवन पहाड़ हो जाएगा, टेकनाथ! दुखमोचन तो खाली नहीं बैठेगा, एक-न-एक खटपट लगाए ही रहेगा और तुम लोग चुपचाप बरदाश्त करते जाओ सबकुछ...

टेकनाथ चुपचाप सुरती तैयार कर रहा था। निगाहें नित्याबाबू के चेहरे पर लगी थीं। बोला—मगर आपने भी तो आमने-सामने दुखमोचन को कभी रोका-टोका नहीं! जो आदमी बहकने लगे, उसका इलाज शुरू में ही अच्छा रहता है नित्याभाई, कि नहीं?

पान की पीक उगालदान में फेंककर उन्होंने कहा—यह पाँच वर्ष तक कलकत्ता रहा, फिर जाने क्या सूझा कि जमा-जमाया काम छोड़कर गाँव आ गया। उन दिनों अगर मुझे पता होता कि आगे चलकर दुखमोचन खुराफाती धूम्रकेतु निकलेगा तो मैं तभी इसे हमेशा के लिए सुला देता, मगर...

नित्याबाबू ने कपार ठोंक लिया। अपनी पिछली अदूरदर्शिता जिस तरह इस वक्त दुखमोचन के सिलसिले में उन्हें खली उस तरह कभी किसी प्रसंग में नहीं खली थी।

—अभी आप आराम कीजिए, नित्याभाई!—टेकनाथ ने कहा—मैं उधर चलकर देखता हूँ, कल आकर फिर बताऊँगा।

—जरूर! जरूर! टेकनाथ, जरूर! तुम्हीं तो बुड्ढे की आँख-कान हो भइया...वरना बुढ़ापे की इस नजरबन्दी में मेरे-जैसे अपंग को दुनिया-जहान का कुछ भी पता चलता? उँहुँ, बिलकुल नहीं!

सुरती फाँककर वह उठा और चुपचाप बाहर निकल आया। उसे लगा कि नित्याबाबू अकेले आगे नहीं होना चाहते। गाँव में और कोई नहीं था जो नित्याबाबू की तरह पुरानी परम्परा का प्रबल समर्थक हो और जिस पर टेकनाथ की आस्था हो।

—कल शाम को अवश्य आना, टेकनाथ। सोच-विचारकर सही नतीजे पर पहुँच जाएँगे...

नित्याबाबू ने अन्दर से ही कहा और टेकनाथ का संक्षिप्त जवाब सुनाई पड़ा—आऊँगा!

रात आधी से अधिक बीत गई थी। धुंध ने नक्षत्रों की सहज कांति कम कर रखी थी। टेकनाथ वेणीमाधव के दालान पर आ बैठा। वहाँ छप्पर की पाढ़ से साफ शीशेवाली एक नई लालटेन टँगी थी, मद्धिम और मीठी रोशनी में समूचा दालान आलोकित था। कंचन और कन्हाई अलग बैठे बातें कर रहे थे।

हवेली के अन्दर से आवाजें आ रही थीं, कभी जोरदार और कभी हल्की।

टेकनाथ ने फुसफुसाकर पूछा—कहो कंचन, दुखमोचन अन्दर हैं कि अपने घर चले गए?

कंचन ने शंकित दृष्टि से मास्टर को देखा, कन्हाई तो पूछ ही बैठा—क्या काम है तुमको दुखमोचन बाबू से?

—काम? हें हें हें हें क...आ...आ...आम? हें हें, काम तो उनसे कोई नहीं है...हें...हें हें हें...

—तो फिर?

—माया का ब्याह हो रहा है, सोचा, आशीर्वाद दे आऊँ—दूब-अच्छत छींट आऊँ माथे पर...

अन्तिम वाक्य दोहराता हुआ जयमाधव निकल आया उधर से—दूब-

अच्छत छींट आऊँ माथे पर—दूब-अच्छत! नहीं, नहीं, मास्टर, आपके आशीर्वाद की कोई जरूरत नहीं है यहाँ! आशीर्वाद देने के लिए नहीं; आप तो भेद लेने के लिए पधारे हैं यहाँ...क्या मैं झूठ कहता हूँ, मास्टर?

टेकनाथ सिटपिटा गया। कंचन और कन्हाई चुप थे, मगर जयमाधव के मुँह की भाप कम नहीं हो रही थी। वह अभी और कुछ कहता, मगर एकाएक दुखमोचन सामने आ गए तो मानो जबान ही सिकुड़ गई।

—क्यों मास्टर को परेशान करते हो!—दुखमोचन ने जयमाधव से कहा—ऐसा मत सोचो कि हमेशा अपने होंठों पर कलई किये रहता है—अरे, बातें सबकी सुना करो, जयमाधव!

फिर दुखमोचन मास्टर की तरफ रुख करके बोले—कहो टेकनाथ, कैसा चल रहा है आजकल?

—तुमसे तो कभी मुलाकात ही नहीं हो पाती, दुखमोचन!—मास्टर ने आश्वस्त स्वर में कहा और ऊपरी हँसी हँसता रहा।

मगर दुखमोचन ने यह नहीं पूछा कि उसे इस शादी की खबर किसने दी। अगले ही क्षण जयमाधव की पीठ पर हाथ रखकर बोले—अरे, मास्टर को पान-वान नहीं दिया लाकर?

—आ जाएगा, कोई जल्दी थोड़े है? काज-परोजन के मौके पर अबेर-सबेर हो ही जाती है, भइया! और यह तो अपना ही घर ठहरा न!

टेकनाथ ने ये शब्द चाटुकारी लहजे में कहे तो दुखमोचन की तबीयत हुई कि चुभने-चिकोटनेवाली चार बातें कहकर उसके दिल पर रंदा फेर दे और घायल शिकार को छटपटाता छोड़कर वापस हवेली के अन्दर चला जाए। लेकिन नहीं, दुखमोचन ने ऐसा नहीं किया। उसे अपने-आप पर काबू पाने का गुर हासिल हो चुका था।

टेकनाथ की इच्छा थी कि किसी तरह अन्दर हवेली में जाने का अवसर मिले और दूल्हा-दुलहिन की एक-आध झाँकी ले ली जाए। चेहरा-मोहरा देखकर घरवालों का रुख मालूम हो ही जाएगा...

जयमाधव ने दुखमोचन का संकेत समझ लिया था। वह पान लाकर टेकनाथ के आगे रख चुका था।

—लो, मास्टर, पान लो!—दुखमोचन ने व्यस्तता के अन्दाज में कहा और दो बीड़े थमा दिये। एक अपने मुँह में डाल लिया, बाकी कंचन और कन्हाई की तरफ तश्तरी खिसका दी। ऊपर से एक-एक चुटकी जर्दा और बस।

—तो मास्टर, मुझे फुरसत दो अभी।

—मैं तो आशीर्वाद देने आया था, दुखमोचन!

—सबकुछ हो गया मास्टर, आशीर्वाद की विधि भी पूरी हो चुकी है... यों, कैसे भी और कहीं से भी आशीष दोगे, उन तक पहुँच ही जाएगी, मास्टर!

अब टेकनाथ मास्टर को उठना ही पड़ा—अच्छा दुखमोचन, इस शुभ-कार्य में मेरी भी हाजिरी स्वीकार हो। वेणीमाधव से कह देना...

दुखमोचन कुछ बोले नहीं, मुस्कराए जरूर।

टेकनाथ दालान के बरामदे से नीचे उतरा और रास्ते की तरफ बढ़ गया। इधर दुखमोचन भी हवेली के अन्दर आए।

विवाह की विधियाँ सचमुच सारी-की-सारी पूरी हो गई थीं। आर्य-समाजी पुरोहित अपनी 'संस्कार-विधि' स्रुवा आदि सहेज चुका था। दक्षिणा उसे मिल ही चुकी थी। बस, एक ही झंझट था। रात का एक बज रहा था, भूखा होने पर भी वह खाना नहीं खा रहा था। वेणीमाधव और उनकी माँ का आग्रह था कि बिना ब्राह्मण-भोजन के सबकुछ अधूरा ही रह जाएगा...

दुखमोचन ने बार-बार अनुरोध किया तो उसने कटोरा-भर गरम दूध और दो केले ले लिए।

सुबह की चार बजेवाली ट्रेन से पुरोहित को वापस जाना था। वेणीमाधव ने बौधू और परमेसर को साथ कर दिया, वे उसे पिपरा बाजार स्टेशन तक छोड़ने गए।

माया की माँ को इस बात का बड़ा क्षोभ रहा कि विवाह के आरम्भ में कुलदेवता की पिंडी पर न तो मातृका पूजा हुई और न गणेश को ही किसी ने याद किया। बस, खाली हवन! खाली मंत्रपाठ! माँ को ही नहीं, भाभियों को भी यह सब बड़ा ही सूखा-सूखा, फीका-फीका लगा...मगर विवाह की बाकी विधियाँ सकुशल सम्पन्न हुईं—माँग में सिंदूर भी पड़ा, गाँठ भी बँधी, फेरे भी लगे...सबकुछ हुआ—

यह पहले ही तय था कि आधी पहर रात शेष रहेगी तो माया विदा होगी और सुबह-सुबह ससुराल में प्रवेश करेगी। दुखमोचन, वेणीमाधव, रामसागर, मधुकान्त, कंचन, कन्हाई, मिहिरकुमार, रविनाथ आदि मुस्तैद थे कि माया को कपिल के साथ उसके मकान तक पहुँचा आएँगे।

दस-पाँच आदमियों को तो शाम को ही भनक मिल गई थी। बाद को पचीस-पचास कानों तक और फैली यह बात। आश्चर्य और उत्सुकता ही वे मुख्य भाव थे कि यह समाचार पाकर चेहरों पर उभरे। हाँ, पुरानी पीढ़ी के लोगों ने कहा—राम-राम! घोर कलियुग आ गया। जो कहीं नहीं हुआ था वह टमका-कोइली गाँव में हो रहा है...लेकिन यह राय ब्राह्मण बूढ़ों-बूढ़ियों की थी, दूसरी जातियों के ज्यादा उम्रवाले लोग तो और ही कुछ कहते सुने गए। उनकी राय में यह ठीक ही हुआ था...विधवा लड़की ने रँडुआ लड़के से सम्बन्ध कर लिया तो क्या बुरा किया? इधर-उधर भटकती और भरस्ट होती तो गाँव-कुल का नाम डुबोती...वह अच्छा होता कि यह अच्छा हुआ? दस-पाँच दकियानूसों को छोड़कर बाकी लोगों का ऐसा ही विचार था।

वेणीमाधव की स्त्री ऊँची नाकवाले खानदान की लड़की थी। उसे यह सम्बन्ध बिलकुल नहीं जँचा। प्राचीन संस्कारों में पली हुई माँ एक ओर थी, दूसरी ओर थी लड़की के जीवन को सुखमय देखने की लालसा में असवर्ण विवाह तथा पुनर्विवाह का प्रस्ताव कबूल करनेवाली माँ...एक ही बुढ़िया के अन्दर दो माताएँ थीं! दोनों में डटकर संघर्ष हुआ था और आखिर में यह दूसरी माँ ही जीत गई थी। वेणीमाधव खुद काफी समझदार था और जमाने का रुख उससे छिपा नहीं था। दुखमोचन के मुख से माया और कपिल के पुनर्विवाह का प्रस्ताव सुनकर उसके दिमाग ने झटका नहीं खाया था, ज़रा भी उत्तेजित या क्षुब्ध नहीं हुआ था...और माँ को तो इन दोनों ने कई तरह से समझाया था, अलग-अलग भी और साथ-साथ भी।

वेणीमाधव के बूढ़े ताऊ पंडित ललितनारायण संस्कृत के अच्छे-खासे विद्वान थे, बारह साल काशी में रहकर महामहोपाध्याय शिवकुमार मिश्र से व्याकरण-शास्त्र का अध्ययन किया था। बीकानेर और राजकोट में तीस वर्ष तक अध्यापक रहकर पिछले पन्द्रह वर्षों से अब बुढ़ापे के विश्राम का उपभोग

कर रहे थे। लड़का-फड़का अपना तो था नहीं, पत्नी भी बहुत पहले सिधार चुकी थी, यही तीनों भतीजे पंडित के लिए सबकुछ थे। सेवा-सुश्रूषा में त्रुटि नहीं रहती थी। लेकिन आज शाम को दालान पर और अन्दर हवेली में पंडितजी को उथल-पुथल नजर आई तो उन्होंने बड़े भतीजे की छोटी लड़की से अकेले में पूछा। उसने कान में मुँह सटाकर कहा—बूआ की शादी होगी...बुढ़ऊ ने छोकरी के गाल पर अविश्वास की हल्की चपत लगाई। थोड़ी देर बाद बड़ी बहू से पूछा तो उसने खुलासा नहीं बतलाया। ज़रा-सी अफीम लेते थे रोज शाम को, आधी रात तक गाढ़ी नींद आती थी।

अभी ढाई बजे के करीब अफीम का असर हटा और नींद टूटी तो पंडित दालान की तरफ की अपनी बाहरी कोठरी से लोटा और छड़ी लिए निकले... नजदीकवाले पोखर की ओर दिशा-फराकत के लिए बढ़े ही थे कि कंचन की बूढ़ी माँ मिल गई। राह रोककर उसने ललित पंडित से पहले तो हाथ चमकाकर पूछा और पीछे ब्याहवाली बात खुद ही बता दी...

पंडित लौटे तो गुस्से के मारे थर-थर काँप रहे थे। पानी-भरा लोटा दालान के बरामदे में पटक दिया और छड़ी सँभालकर अन्दर हवेली में आ गए।

पुरोहित को विदा करके वेणीमाधव और दुखमोचन बैठे थे। इधर-उधर की बातें हो रही थीं। अभी दस मिनट हुए थे, खाना खाया था। माया और कपिल को तो खिला-पिलाकर पहले ही घर के अन्दर कर दिया गया था। बड़ी बहू और बच्चे सो चुके थे। माँ और छोटी बहू, जयमाधव और नीलमाधव कामों में लगे थे।

ताऊ तेजी से आए और दुखमोचन पर अंधाधुंध छड़ी चलाने लगे—चांडाल! पापी! विधर्मी!—मुँह से यही तीन संबोधन निकाल रहे थे। दुखमोचन सिर को बचाने की नीयत से बाँहों को आगे करके खड़े हो गए और वेणीमाधव ने कुर्सी से उठकर ताऊ को बाँहों में बाँध लिया। उधर से जयमाधव दौड़ा, पंडित के हाथ से छड़ी छीनकर परे फेंक दी। अब विफल क्रोध कंठ के रास्ते गालियाँ बनकर बाहर आने लगा...

छड़ी बेंत की नहीं, विंध्याचली बाँस की थी। छः-सात प्रहार पीठ पर पड़े थे, तीन-चार कन्धों पर, एक चोट दाईं ओर कनपटी पर पड़ी थी। दर्द

की जलन पीकर दुखमोचन बोले—बस ताऊजी, बाकी यही बचा था? आपने आखिर आशीष दे ही डाली...बुजुर्गों की दुआ के बिना दुनिया का कोई काम आज तक पूरा नहीं हुआ है...बड़ा अच्छा किया आपने!

सुबह तक के लिए इन्हें कोठरी के अन्दर बन्द करके रखो, वेणीमाधव! —कमांड की टोन में दुखमोचन ने कहा।

वेणीमाधव ने ताऊ को कन्धे पर उठा लिया और नीलमाधववाली छोटी कोठरी में रख आए, किवाड़ लगाकर बाहर से साँकल चढ़ा दी। भीतर से अब भी पंडितजी की गालियाँ बाहर आ रही थीं।

—चोट ज्यादा नहीं पड़ी।—दुखमोचन ने मुस्कराकर कहा—लेकिन घंटे-भर की छुट्टी दो मुझे, जरा घर हो आऊँ!

वेणीमाधव आदि तीनों भाई चुपचाप सहमे-से खड़े थे। दुखमोचन की बात का मौखिक जवाब तो किसी ने नहीं दिया, लेकिन वेणी की डबडबाई आँखें मानो कह रही थीं—भइया, यह भी तो तुम्हारा अपना घर है न!...

और माँ तो सचमुच रो ही पड़ीं। उनकी रुलाई सुनकर अन्दर घर से कपिल भी निकल आया। उसकी पीठ ठोंककर दुखमोचन ने कहा—घबराना नहीं कपिल, तुम तो राजपूत हो!...फिर आगे बढ़कर अपनी अंडी की चादर की खूँट से माया की माँ के आँसू पोंछ दिये और बाहर निकल आए।

मामी इन्तजार में सो नहीं सकीं, अब तक जगी थीं।

दुखमोचन सबकुछ बताकर अन्त में बोले—बनियाइन और कुरता न होते तो चमड़ी छिल जाती। हाँ, कपार में अलबत्ते चोट लगी है...

लालटेन की बत्ती तेज करके मामी ने दुखमोचन का कपार देखा तो मुँह से चीख निकल गई—ईशी-शी-शी-शी-शि-श्!...बाप रे! बाप रे! बाप रे!

—कुछ हुआ भी तो हो? नाहक बाप-बाप कर रही हो...

मामी की आँखें छलछला आईं, रुआँसी आवाज में कहने लगीं—तुम्हें मार डालेंगे इस गाँव के लोग! दुनिया-भर की मुसीबतें अपने सिर पर ढोए चलते हो...बोटी-भर को मांस है ठठरी पर और रावन-अहिरावन से कुश्ती लड़ेंगे!... कैसे कुठाँव पर राच्छस ने मारा है...राम राम राम राम...

दुखमोचन गम्भीर स्वर में बोले—अरे, कुछ नहीं हुआ है, मामी! हल्दी-

वल्दी लगा दो, ठीक हो जाएगा...अब इस वक्त चीखोगी-चिल्लाओगी तो व्यर्थ का तमाशा खड़ा होगा। सोने दो, किसी को न जगाओ!

दुखमोचन उधर अपनी कोठरी के अन्दर गए, इधर मामी ने क्षोभ और व्यंग्य की आवाज में कहा—हुँह! न जगाऊँ किसी को! सिर फुड़वाकर आए हैं और नसीहत बघार रहे हैं...तबीयत तो यही करती है कि चीख-चीखकर सबको जगा दूँ, लोग इकट्ठे हों तो बताऊँ...देखो अपने गाँव के बुजुर्ग विद्वान की काली करतूत! वेणीमाधव का ताऊ नहीं है, वह तो भारी ब्रह्मराक्षस है...हुँ हुँ हुँ...

छोटी बहू की नींद टूट चुकी थी। वह जल्दी-जल्दी हल्दी पीस लाई। मामी ने दुखमोचन के कपार पर हल्दी थोपकर ऊपर कपड़े की पट्टी बाँध दी।

दुखमोचन पलँग पर उतान लेट गए, मामी माथे की मालिश करने लगीं।

पलक झिपने लगीं तो ऊँघती आवाज में दुखमोचन बोले—घंटा-डेढ़ घंटा में मुझे जगा देना मामी, माया को कपिल के घर पहुँचा आना है...फिर दिन-भर आराम ही तो करना है कल!

आठ

कुएँ के आगे मचान पर सफेद और बैंगनी सेम की बेलें लतरी हुई थीं। पत्तों, फूलों और फलियों से लता-वितान ढँका पड़ा था। ज़रा हटकर क्यारियों में पात-गोभी के बीस-एक मुकुटनुमा पौधे इठला रहे थे। बैंगन के बौने झाड़ों पर बुढ़ापा उतर आया था। पके-पाढ़े दानेदार गुच्छों के वजन से भी सौंफ की डंठलें झुकी नहीं थीं।

सुखदेव दोपहर का खाना खाकर तीन घंटे सोए और अब लेटे-ही-लेटे अखबार देख रहे थे।

पाँचवाँ पृष्ठ पढ़कर छठा पृष्ठ पलटते ही चटकीले ढंग से छपे हुए एक भारी विज्ञापन पर उनकी आँखें अटक गईं...प्लेट में टमाटर, बैंगन और सेम की फलियाँ थीं। साफा बाँधकर एक मुस्कराता चेहरा उँगली के इशारे से बता रहा था—इनको तलने और पकाने में फलाँ घी का इस्तेमाल कीजिए, कई गुना ज्यादा स्वाद मिलेगा...

वह इश्तहार पंडित सुखदेव को बड़ा ही आकर्षक लगा। बाद को जो भी कुछ खबरें देखीं, उन पर पंडित का ध्यान नहीं जमा। हारकर उठे और बरामदे

में आकर तख्तपोश पर बैठे। खैनी मलते-मलते छोटी भतीजी को पुकारा तो वह दौड़ आई। सटकर खड़ी हुई और ताऊ की गर्दन सहलाने लगी।

भतीजी के होंठों से नाक लगाकर सुखदेव ने साँस खींची और बोले—दूध-भात खाकर आई है?

—ऊँ...टुनू ने मचलकर कहा।

—अच्छा, मेरा एक काम कर दे! करेगी?

—जल्दी बताइए, अपना काम छोड़कर आई हूँ...

सुखदेव ने हँसकर कहा—एह! बड़ी कामवाली हुई है...

—तो मैं झूठ कहती हूँ?—मचलकर बोली टुनू—चलिए अन्दर, दिखलाती हूँ अपना काम आपको!

—अच्छा! अच्छा ा ा ा ा...

फिर पलकें झपककर संकेत से जानना चाहा कि क्या काम कर रही है। ताऊ के कान से होंठ लगाकर टुनू फुसफुसाई—गुड्डे का कोट बनवा रही हूँ, बहन और पद्मा नाप लेकर कपड़े कतर रही हैं। मशीन तो अपने यहाँ है नहीं, पद्मा की भाभी के पास है। सिलाई वहीं होगी...

काका की हल्की चपत से उत्साहित होकर उसने कहा—चाची तो हाथ से भी सी लेती हैं, लेकिन कोट मशीन पर ही अच्छा सिलता है...नहीं, ताऊजी?

सुखदेव की आँखें फैल गईं, विनोद से कहा—बाप रे! सीने-पिरोने की सारी विद्या मेरी टुनिया जानती है...

छोकरी ने अपनी प्रशंसा में फूलकर पूछा—क्या काम था आपका?

—चँगेरी लेती आ, बेटा!

—बस! और कुछ नहीं?

—नहीं रे!

टुनू समझ गई कि काका सेम की फलियाँ तोड़ेंगे। वह दौड़कर गई और चँगेरी ले आई।

सुरती फाँककर सुखदेव उठे। टुनू वापस जाने लगी तो पूछा—मामी कैसी हैं रे?

—बताती थीं कि आज थोड़ा आराम है...

अन्दर दुखमोचनवाले बरामदे में चटाई पर सुजनी बिछाकर मामी लेटी पड़ी थीं। चमकी अपनी जाँघ पर उनकी जाँघ लेकर हौले-हौले चाँप रही थी। अपर्णा और पद्मा सामनेवाले दूसरे बरामदे में गुड्डे के कोट के लिए कपड़े की कतर-ब्योंत कर रही थीं। टुनू का ध्यान निगरानी में था। योगेन्द्र स्कूल गया हुआ था।

छोटी बहू दाल पछोरकर फारिग हुई तो मामी के सिरहाने आ बैठी। उसने मामी का माथा गोद में ले लिया और हल्के हाथों से दबाने लगी। मामी ने आहिस्ता-से कहा—रहने दो, छोटी बहू! मैं तो रात-दिन पड़ी रहती हूँ, आराम-ही-आराम है। काम करते-करते तुम्हारे हाड़-गोड़ चटक रहे होंगे, ज़रा सुस्ता लो न!

—सुस्ता तो रही हूँ, मामी!—छोटी बहू ने मामी की आँखों में झाँककर देखा और हँसकर बोली—एक काम से हटकर दूसरे काम में लग जाना भी सुस्ताना होता है...नहीं होता है, मामी?

मामी चुप रहीं, मगर चमकी मुस्कराई, कहा—बेजा नहीं कहती हैं जोगी की अम्मा, ठीक ही कहती हैं...मगर आठों पहर हाथ-गोड़ नाचते रहें तो सुन्न पड़ जाएँ। नहीं, मामी?

समर्थन में मामी की पलकें झपक गईं।

पिछले दस दिन से बवासीर ने परेशान कर रखा था। खूनी बवासीर थी यह। साँवला-सलोना चेहरा सूख-सिकुड़कर काला पड़ गया था। आँखें निकल आई थीं। लेटे रहना ही अच्छा लगता था। खाली मन पिछले जीवन की स्मृतियों के बीहड़ जंगल में भटका करता था...भरे-पूरे परिवार का आनन्दमय सामूहिक ढाँचा...तीन भाई और दो बहनें; बीमार माँ और सनकी बाप; उत्सव-त्योहार-नाच-गान-नाटक-भंडारा; शादी और गौना, दूल्हा, सास-ससुर, ननद-ननदोई, देवर...बस एक ही तो देवर था—लेकिन वह अपना सगा देवर कहाँ था? नहीं था सगा देवर! वह तो पति की फूफी का सौतेला था...

यहाँ आकर मामी के चिन्तन का झरना मानो सौ फुट ऊपर से नीचे गिरता था—निराधार और तिरछा!...उस लाड़ले लीलाधर ने अपनी इस मामी को गलत समझा, बिलकुल गलत! नारी-सुलभ सामान्य नेह-छोह ने नहीं, बल्कि अपने

अविवेक ने उसकी मति-गति हर ली...पितोझिया की गुठलियों से एक सौ आठ दानों की माला बनाकर वह 'शशिकला' 'शशिकला' जपने लगा था, पता नहीं अब कहाँ भटक रहा था!

जब से कपिल और माया के ब्याह की बात सुनी थी तब से अकसर लीलाधर याद आ रहा था। सास-ससुर पहले ही मर गए थे। साँप के डसने से पति का देहांत हुआ था और साल-भर बाद यह शशिकला खुद भी मलेरिया के चंगुल में पड़ गईं। लगातार ढाई-तीन महीना बिस्तर से लगी रहीं। लीलाधर ने जी-जान से सेवा की थी और...

बाएँ घुटने पर घट्ठा था, जामुन की गुठली के बराबर। चमकी ने चुटकी में ले लिया उसे, खींचती हुई कहने लगी—मेरी भी माँ के घुटने पर ऐसा निशान था। नदी के उस पार गाय लेकर गई थी। गुलेल चलानेवाले एक नौसिखिए का निशाना बहक गया तो माँ घायल हुई। अन्दर-ही-अन्दर गोश्त सड़ गया, पिपरा बाजार के सरकारी अस्पताल में ऑपरेशन हुआ...और मामी, आपको यह क्या हुआ था?

जाँघ बदलकर मामी ने कहा—चचेरी बहन ने पोखर में धकेल दिया था। अन्दर पानी में दो रोज पहले खटमल-भरा तख्तपोश डाला गया था। मैं गिरी तो तख्तपोश का कोना घुटने में 'खच्च' से चुभा। वही निशान है...

—मैं तो समझती रही कि कोई भारी फोड़ा निकला होगा।—छोटी बहू ने घट्ठे की अपनी व्याख्या बताई और अपर्णा से ऊँची आवाज में कहा—वो तेल तो निकाल लाना बच्ची, अपने बाबूजी की अलमारी में से!

—रहने दो!—मामी ने थके स्वर में कहा और चमकी की तरफ देखकर हाथ से कमर चाँपने का इशारा किया।

अपर्णा लाल तेल की शीशी उठा लाई। छोटी बहू ठेपी खोलने लगी तो चमकी ने लालसा-भरी निगाहों से उस ओर देखा। हाथ मामी की कमर दबा रहे थे, मगर नजर तेल की तरफ लगी थी।

चमकी की यह टकटकी ताड़कर अपर्णा ने उँगली उसकी पीठ में गड़ा दी और कहा—कलकतिया तेल है, दो ही बूँद रगड़ोगी तो माथा हल्का हो जाएगा! खुशबू नहीं आ रही है?

छोटी बहू की बाईं हथेली पर भी थोड़ा तेल था, दाहिनी हथेली से वह मामी का सिर रगड़ रही थी। अपर्णा ने तेल छुआकर अपनी उँगली चमकी की एक कलाई से पोंछ दी, बोली—सूँघकर तो देखो!—ऊपर से चमकी ने कहा—हाँ अप्पी, जुलुम है! अनोखी महक है!—आँखें नचाकर अपर्णा सामनेवाले बरामदे में चली गई, मगर चमकी का तो माथा ही घूमने लगा। थोड़ी देर बाद बोली—मामी, एक बात बताऊँ?

—बता!—मामी ने कहा।

—साल-डेढ़ साल के अन्दर किसिम-किसिम का जितना तेल कपिल ने माया को लाकर दिया होगा, उतना न किसी ने देखा होगा, न सुना ही होगा।

मामी चुप थीं। छोटी बहू की पलकें तन गईं। बुड़बुड़ाई—तेल लाकर देता था।

—क्या नहीं देता था लाकर, जोगी की अम्मा?

—साड़ी भी लाता रहा होगा?

—रसगुल्ले आते थे...

—रसगुल्ले?

—तो मैं झूठ कहूँगी, जोगी की अम्मा?

मामी के लिए अब यह चर्चा असह्य हो उठी। उन्होंने चमकी को डाँटा—चुप करती है कि नहीं? सतवंती की नानी!...पाजी कहीं की!...

वह उठ बैठीं और अपनी ताकत के मुताबिक हाथ लगाकर चमकी को आगे की ओर धकेल देना चाहा।

वह खुद ही थोड़ा हट गई थी। सहमी आवाज में बुड़बुड़ाई—सभी तो कहते हैं मामी, अपनी तरफ से एक भी आखर अगर मैंने फाजिल कहा तो हे गंगा मइया, यह जीभ गल जाय...

गंगा को दुहराते वक्त चमकी चट्-से दक्षिण की दिशा में मुड़ गई, हाथ कानों को छू रहे थे।

अपर्णा, पद्मा और टुनू—तीनों लड़कियाँ तमाशबीन की ललक लेकर करीब आ गई थीं।

—क्या हुआ?

अपर्णा और पद्मा को जवाब नहीं मिला। छोटी बहू ने नजर के इशारे से उन्हें हटा दिया।

सामनेवाले बरामदे में आकर पद्मा ने आहिस्ता-से पूछा—क्या बात थी, अप्पी?—पता नहीं!—फुसफुसाकर अपर्णा ने कहा—मामी का मिजाज आजकल चिड़चिड़ा हो गया है न! बड़ी दुब्बर हो गई हैं, देखती नहीं हो?

—अँ हँ! कुछ जरूर हुआ होगा। तू मुझसे छिपा रही है।

अपर्णा मुस्कराई—तो बता ही दूँ?

अगल-बगल और पीठ-पीछे नजर मारकर उसने देख लिया कि टुनू नहीं है। अब फुसफुसाकर कहा—पता नहीं, मामी को माया ने पिछले जन्म में कितना घूस दिया था! क्या मजाल कि कोई इनके सामने रत्ती-भर भी उसकी निंदा करे! बस, कच्चा ही चबा जाएँगी मामी...समझी?

—मगर अभी क्या हुआ था?

—चमकी ने कुछ कह दिया होगा।

—मामी माया का पच्छ क्यों लेती हैं आखिर?

—पता नहीं पद्मा, सँभलकर रहना लेकिन!

कुछ क्षण बाद ही गुड्डे के कोट का कपड़ा लेकर पद्मा चली गई, अपर्णा मिट्टी गूँधने लगी, चाचा की शामवाली पूजा के लिए महादेव बनाना था।

छोटी बहू चुप थी, चमकी का चेहरा उदास था।

मामी की निगाहें सूनी थीं, यद्यपि वह सामने देख रही थीं।

थोड़ी देर बाद चमकी ने मामी के पैर पकड़ लिए और कहा—फिर कभी इस तरह की बात करूँ तो जीभ खींच लेना मेरी...

अपने पैर छुड़ाने की कोशिश करते-करते मामी बोलीं—कहाँ है मुझमें इतनी कूवत! और जिसे दूसरों की निंदा का चस्का लग गया हो, उसका कोई इलाज नहीं...जा, अपना काम कर!

चमकी ने मामी का यह रुख देखा तो समझ गई कि गुस्से का दौर जोरों पर है, अभी चुपचाप खिसक जाना ही अच्छा होगा। मामी के पैर छोड़कर वह उठ खड़ी हुई।

जाते-जाते पूछ लिया—कल कब आऊँ, मामी?

जवाब में मामी ने मुँह से एक भी शब्द नहीं निकाला।

छोटी बहू ने कहा—जैसे आज और कल आई थी, उसी तरह आना!

इस पर भी मामी कुछ नहीं बोलीं।

चमकी बाहर निकली तो मामी फिर लेट गईं।

टुनू सेम की फलियों से भरी चँगेरी लाई और रसोईघर के बरामदे में उझल दिया, खाली चँगेरी लेकर फिर काका के पास चली गई।

होली करीब थी। छँटे धुले गेहूँ खजूर के पत्तों की चटाई पर सूख रहे थे। छोटी बहू ने देखा कि दिन काफी ढल चुका है। वह उठकर अन्दर से टोकरी ले आई और बरामदे से नीचे उतरकर आँगन में सूखते गेहूँ बटोरने बैठी।

धूप पूरब की तरफ फूस के टाट को छू रही थी, पछवरिया घर की छाया उसके पीछे थी। गोबर और चिकनी मिट्टी के घोल से लिपा-पुता आँगन आँखों को बड़ा ही अच्छा लग रहा था। तुलसी की छोटी वेदी से सटकर छाँह में बिल्ली लेटी पड़ी थी।

जोगेन्द्र स्कूल से लौटा और किताबों का बस्ता दक्षिणवाले घर के बरामदे में पटक दिया।

—भूख लगी है, माँ!—वह छोटी बहू के गले से झूलकर वहीं आँगन में बैठ गया।

माँ ने कहा—चल, हट भी...हाथ-मुँह तो धो आ!

लड़के की बाँहें अलग हटाकर छोटी बहू उठ खड़ी हुई, बोली—तू चटाई उठाता आ, मैं गेहूँ ले चलती हूँ।

मुस्कराती हुई अपर्णा यह सब देख रही थी। महादेव की पिंडी बना चुकी थी। कहने लगी—चाची, तुम भी जुलुम करती हो! भूखा-प्यासा आया है, इस्कूल से, चटाई उठाने को कहती हो?...नहीं जोगी, रहने दे! मैं आती हूँ उठाके रख दूँगी...

उधर मामी ने कहा—हाथ धोकर पहले पान तो लगा!

—अच्छा!

—मेरे लिए भी! जोगेन्द्र ने कहा—आज मैं भी पान खाऊँगा, बहन।

—लड़के पान नहीं खाते!

---ऊँ खाते हैं कि!

अपर्णा हँसती-हँसती उठी, बाहर कुएँ पर हाथ धोने गई।

अगले ही क्षण खाना जोगेन्द्र के सामने आ गया और वह खाने लगा।

अपर्णा हाथ धोकर आई तो एक लिफाफा लाई।

मामी को थमाती हुई बोली—बब्बू का नहीं, तुम्हारा है। अभी-अभी काका को दे गया है डाकिया।

मामी उठ बैठीं, लिफाफे पर पता-ठिकाना बाँचने लगीं। थोड़ा रुककर बोलीं—बबुअन का है। मुझे कौन चिट्ठी लिखेगा?

—स्याही की नहीं—अपर्णा ने अपने बालों पर हाथ फेरकर कहा—पेंसिल की लिखावट देखो न!...यह क्या लिखा है...मामी को मिले...अच्छर लेकिन जनाने ढंग के हैं...

सचमुच दुखमोचन के नाम के नीचे और गाँव के नाम से ऊपर पेंसिल की फीकी लिखावट में कुछ लिखा था। कमजोरी की वजह से मामी की नजर अब भी उन अक्षरों को साफ-साफ देख नहीं पा रही थी।

खोलने पर अन्दर से हल्के नीले रंग का कागज निकल आया। काशी से माया ने लिखा था—

"स्वस्ति श्रीमती मामीजी के चरणकमलों में माया का कोटि-कोटि प्रणाम पहुँचे। यहाँ हम दोनों राजी-खुशी हैं, आप लोगों की राजी-खुशी चाहिए। गाँव से निकलकर पाँच-छः रोज तो हम पटना रहे, दो रोज गया। घूमते-घामते अब काशी आ गए हैं। मामी, अपना देहात बार-बार याद आता है। मन करता है कि जल्द लौट चलें। छोटे भइया की चिट्ठी से मालूम हुआ कि आप बीमार हैं। आपकी बीमारी का हाल मालूम करके भारी अफसोस हुआ मामी। वही पुरानी बवासीर उभरी होगी, कि दूसरी बीमारी है? हम होली तक यहाँ रहेंगे, फिर सीधे गाँव लौट आएँगे। आपने गणेशजी की मूर्ति के लिए कहा था न? पीतल की एक अच्छी प्रतिमा खरीद ली है। बाबा विश्वनाथ से और मातेश्वरी अन्नपूर्णा से रोज-रोज आपके स्वास्थ्य के लिए विनती करती हूँ, मामी। भाई साहब को प्रणाम और अप्पी को प्यार।"

25 फरवरी '55 की तारीख पड़ी थी डाकखाने की मुहर पर। मामी ने

चिट्ठी पढ़ी, फिर उसे लिफाफे के अन्दर डाल दिया। अपर्णा से कहा—यह आदत अच्छी नहीं है, अप्पी।

—मैंने आपकी चिट्ठी पढ़ी ही कहाँ?—अपर्णा मुँह बनाकर बोली।

मामी ने अविश्वास से माथा हिलाया। उन्हें पता था कि पीछे खड़ी-खड़ी खत देख रही थी छोकरी...एक-एक पाँती पी गई होगी। कैसी भोली बन रही है! मामी ने अपर्णा की ओर देखा और मुस्कराईं। वह नजर नहीं मिला सकी तो बोली—पान लगा लाऊँ तुम्हारे वास्ते?

अपर्णा पान लगाने गई और मामी ने फिर खत निकाला।

इस वक्त वह महसूस कर रही थीं कि माया वेणीमाधव की नहीं बल्कि उन्हीं की छोटी बहन है।...हाय, जो कभी समस्तीपुर से पश्चिम नहीं गई, अब दूर देश में उस बेचारी का जी किस तरह लगता होगा? अपनी भाषा में बतियानेवाले लोग नहीं मिलते होंगे, जान-पहचान के मुखड़े नहीं दिखाई देते होंगे...लेकिन कपिल, वह तो जरूर माया को खुश रखता होगा! बबुअन जिसके गुन गाएँ उसमें खराबी कहाँ से आएगी!

सोचते-सोचते कपिल का स्थान लीलाधर ने कब किस तरह ले लिया, मामी को पता ही नहीं चला।

...लीलाधर ने रात-रात भर जगकर इस शरीर की सेवा की थी। बाकी और सब तो ठीक-ही-ठीक था, लीलाधर में मगर जल्दबाजी बेहद थी। ले-देकर यही एक औगुन थी...'बटगबनी' की लय में उसने प्यार और मनुहार के कई गीत रचे थे, आखिरी पंक्तियों में लीलाधर के बदले शशिकला का नाम डालता था।

शशिकला! शशिकला!! शशिकला!!!

मामी के कानों में अपना ही नाम बार-बार गूँजने लगा, निगाहों में लीलाधर की मासूम सूरत नाचने लगी...दिल अपने-आपसे पूछने लगा, लीलाधर कहाँ गया!...उसने एक रोज हुलसकर कहा था—भाभी, चलो तुम्हें कलकत्ता की सैर करा लाऊँ...गंगासागर, कामरूकमच्छा, जगन्नाथ, जहाँ बताओ ले चलूँ, भाभी! शशिकला, तू क्यों न गई लीलाधर के साथ?

जोगेन्द्र आ गया। पान का बीड़ा लेकर अपर्णा भी आ गई।

दोनों ने मामी का ध्यान तोड़ दिया।

अपर्णा के हाथ से पान लेकर मामी ने लड़के के मुँह में डाल दिया। उसने जीत की अकड़ से बहन की ओर देखा और दाहिने हाथ का अँगूठा हिला दिया।

मामी मुस्करा पड़ीं।

—तो चिढ़ाता क्यों है इसे?

—यह कभी अपने-आप मुझे पान नहीं देती, मामी!

—झुट्ठा कहीं का!—अपर्णा ने तुनककर कहा—देखूँगी, अब कैसे तू पान खाता है।

—खा तो रहा हूँ पान, देखो!

जोगेन्द्र ने जीभ दिखा दी, पान और कत्था-चूना अपना सही रंग जमा चुके थे।

अपर्णा चिढ़ गई, बुरी तरह मुँह बनाकर जोगेन्द्र की ओर एक बार फिर देखा। अगले ही क्षण शिकायती नजर से मामी की तरफ ताकने लगी और बोली—ऐसा तो आपने कभी नहीं किया था, मामी! आज क्या हो गया है आपको? पान लगवाया, मगर उसे मुँह के अन्दर नहीं डाला!

मामी ने इशारे से अपर्णा को बिलकुल पास बुला लिया।

करीब आई तो उसका हाथ अपने हाथ में लेकर बोलीं—मेरा जी नहीं करता है कि पान-वान मुँह में डालूँ, बच्ची! कहने को कह तो दिया तुझसे कि पान ला, मगर इसी बीच तबीयत फिर खराब हो गई...नाहक तुझे परेशान किया!

जोगेन्द्र पान का मजा ले चुका था। मामी और बहन को उस तरह घुलते देखा तो जाने क्या सूझा कि चेहरे पर गम्भीरता छा गई, कहा—गेहूँवाली चटाई मैं रख आता हूँ बहन, तुम मामी के पास ही बैठी रहो।

—तुझे खेलने नहीं जाना है?

—जाना है कि!

—तो फिर रहने दे।

मगर जोगेन्द्र नहीं माना, गेहूँवाली चटाई लपेटकर अन्दर रख आया और खेलने निकला।

नौ

गाँव के बीचोबीच जो रास्ता उत्तर से दक्षिण की ओर गया था वह कच्चा था, पक्का नहीं; गाँव के उत्तर डिस्ट्रिक्ट बोर्डवाली पक्की सड़क से जुड़ा था और दक्षिण की ओर सात-आठ मील जाकर सहसौला बाजार में खत्म होता था। बस्ती सहसौला जिला बोर्ड की उस सड़क के किनारे आबाद थी जो पश्चिम से आकर सीधे पूरब की तरफ चली गई थी।

टमका-कोइली से दक्षिण डेढ़ मील तक यह कच्ची सड़क गत वर्ष की बाढ़ में चौपट हो गई थी। लोकल बोर्ड और लघु सिंचाई-विभागवालों से लिखा-पढ़ी चल रही थी, मगर और मामलों की तरह यह मामला भी लाल फीतों की गिरफ्त में था।

ग्राम-पंचायत ने जुरमाने के तौर पर पिछले साल सवा-दो सौ रुपये वसूल किये थे। रकम मुंशी पुलकितदास के नाम डाकखाने में जमा थी। पन्द्रह मन अनाज दुखमोचन के जिम्मे था। लेकिन काम तो कई थे। रास्ते की मरम्मत की ही बात होती तो क्या था? चमारों का कुआँ धँस गया था, कुम्हारों के कुएँ से जैसे-तैसे उन्हें पानी मिल जाता था...कुआँ न सही, एक ट्यूब-वेल का प्रबन्ध

तो उनके लिए होना ही था। कन्या-पाठशाला की दीवारें तो दुरुस्त थीं, लेकिन छप्पर दो साल से नहीं छवाए गए थे। इस बैशाख में अगर बीस-पच्चीस बोझ खर-फूस उन छप्परों पर नहीं पड़े तो चौमासे में अन्दर बैठकर पढ़ना-पढ़ाना मुश्किल हो जाएगा, टपकती बूँदें कीचड़ को सदाबहार किये रहेंगी और उमस की बदौलत फफूँद की फसलों का तमाशा देखते ही बनेगा। तो सौ रुपये लड़कियों का यह स्कूल भी खा जाएगा...

पुलकितदास को अच्छा नहीं लगा, लेकिन दुखमोचन ने रास्ते पर मिट्टी डलवाने का काम शुरू कर दिया।

मजदूर आधी मजदूरी पर मिट्टी कोड़ने और ढोने पर राजी हो गए। खाते-पीते परिवारों से एक-एक आदमी बिना मेहनताना के ही काम करने लगा। सिमरौना और पुनाई चक से ग्राम रक्षा-समिति के जवान मदद के लिए आ पहुँचे। उनके लिए खाना और तमाखू-बीड़ी का इन्तजाम हुआ।

रास्ते के दोनों ओर खेतों में मिट्टी कटने लगी और रास्ता ऊँचा होने लगा। दुखमोचन, वेणीमाधव, रामसागर, मधुकान्त, कंचन, कन्हाई और राधे सभी डटे रहते थे। मुंशीजी का भतीजा नवलकिशोर और मास्टर टेकनाथ आदि भी सहयोग का स्वाँग भर रहे थे।

असल काम मजदूर और मामूली ग्रामीण कर रहे थे। मिट्टी रास्ते के पश्चिम नरम और भुरभुरी थी, लेकिन रास्ते के पूरब कड़ी और चिकनी। सैकड़ों कुदालें मिट्टी खोदने में लगी थीं। मिट्टी की टोकरी उठाकर एक दूसरे को थमाता, खाली टोकरी उससे वापस लेता। दूसरा मजदूर भरी टोकरी तीसरे को थमाता और खाली टोकरी उससे वापस लेता, तीसरा मजदूर मिट्टी रास्ते पर डाल देता और खाली टोकरी वापस लाता। श्रम का यह सधा हुआ और व्यवस्थित क्रम दूर से देखने पर बड़ा ही भव्य प्रतीत होता था... मिट्टी की टोकरी उठाने-धरने का सिलसिला यों तो सारा दिन चलता मगर बीच-बीच में दो-ढाई घंटे पर मजदूर दस-पाँच मिनट के लिए दम भी मार लेते।

रामसागर की स्त्री और माया ने भारी जीवट का परिचय दिया। पड़ोस के गाँव से जितने भी जवान आए, उनके लिए एक बार नाश्ता और दोनों जून

खाना बनाने का भार उन्हीं दोनों ने उठाया। चमकी, अपर्णा और पद्मा आदि भी हाथ बँटाती थीं, लेकिन खास जवाबदेही उन्हीं दोनों की थी। सुग्गी बुआ होतीं तो काफी मदद पहुँचातीं इन कामों में, मगर नतनी के लड़के का कनछेदन था, वह मेहमानी में गई हुई थीं।

ऊँचे उठती उस कच्ची सड़क के इर्द-गिर्द चैत का दुपहर आज और मुखर हो उठा जबकि हल्के रंग की एक नफीश जीप आकर कैम्प के करीब खड़ी हो गई और उससे तीन-चार अधिकारी निकल आए। सब-डिविजनल-ऑफिसर, अंचलाधिकारी, दारोगा और हिन्द-हितकारी समाज की जिला-शाखा के मंत्रीजी...बस और कोई नहीं था। पाँचवाँ जो था वह ऑफिसर नहीं, ड्राइवर था।

कैम्प क्या था, फूस की निहायत मामूली झोंपड़ी थी, अस्थाई किस्म की! बाहर जीप के रुकने की आवाज सुनी तो दुखमोचन अपनी मंडली-समेत निकल आए। हिसाब-किताब बीच में ही छोड़ दिया गया।

नमस्कारा-नमस्कारी हुई। सभी अधिकारी जान-पहचान के थे। उन्हें घेरे में लेकर लोग सड़क का मुआयना करवाने चले।

समाज के मंत्री खादी के देशी लिबास में थे। एस.डी.ओ. और अंचलाधिकारी पैंट-बुशर्ट में थे। दारोगा अपने खाकी यूनिफार्म में था।

अंचलाधिकारी ने दुखमोचन से पूछा—कब तक हो जाएगी तैयार सड़क?

—दस रोज लगेंगे साहब!

—मजदूरी का क्या हिसाब है?

—आधी मजदूरी पर सौ मजदूर काम कर रहे हैं। पाँच मन धान रोज उठता है।

हिन्द-हितकारी समाज के मंत्री उधर वेणीमाधव से बातें किये जा रहे थे—तो आप लोगों ने श्रमदान का एक शानदार रिकार्ड कायम कर ही दिया! समूचा गाँव दिलचस्पी ले रहा है न?

—जी हाँ—वेणीमाधव ने माथा हिलाकर स्वीकार किया। जाने क्यों, श्रमदान के बदले उसे यज्ञ कहना अच्छा लगता था। बोला—यज्ञ ही तो ठहरा हुजूर! सभी लोग दिलचस्पी नहीं लेंगे तो इतना भारी काम अकेले सपरेगा?

—आप दुखमोचन बाबू के कौन होते हैं?

—हम लोग बचपन के साथी हैं, लँगोटिया यार...साथ-ही-साथ खेले-कूदे और साथ-ही-साथ बड़े हुए...

—मैं समझा कि भाई-भाई होंगे या कोई रिश्ता होगा!

वेणीमाधव हँसने लगा जवाब में। मंत्रीजी ने आँखें बड़ी-बड़ी करके उसे देखा और पूछा—क्यों, इसमें हँसने की क्या बात थी भाई?

—इस तरह का सवाल पुराने लोग पूछा करते थे, हुजूर!

मंत्रीजी चुप हो गए।

दारोगा मधुकान्त से बातें कर रहा था और एस.डी.ओ. प्रतीक्षा में था कि अंचलाधिकारी की बातों से दुखमोचन को फुरसत मिले तो उनसे बातें करे।

स्वेच्छा से काम करनेवाले गाँववालों ने अधिकारियों को बाँध की तरफ आते देखा तो कौतूहल के मारे उनके हाथ कुछ क्षणों के लिए ढीले पड़ गए। अधिकांश लोग तो कामों पर डटे रहे मगर कुछ-एक आकर अधिकारियों के साथ चलनेवाली भीड़ में शामिल हो गए।

मौका पाकर सब-डिविजनल ऑफिसर दुखमोचन से बातें करने लगा।

बातचीत आगे बढ़ी। दुखमोचन ने शिकायत के स्वर में कहा—सात-आठ मील का यह चालू रास्ता अब और कितने दिन तक कच्ची हालत में पड़ा रहेगा, पता नहीं। मिट्टी तो हम इस पर काफी डाल रहे हैं, मगर बाढ़ फिर धो-पोंछकर साफ कर देगी, हुजूर! कोई ऐसी तरकीब नहीं निकल सकती जिससे इस सड़क का कायाकल्प हो जाए?

—दो-तीन वर्ष पहले अखबारों में राजस्थान के किन्हीं पानी-महाराज का चमत्कार प्रकाशित हुआ था। अब कहीं सड़क-महाराज कोई निकल आए तो मैं आपको बताऊँगा—एस.डी.ओ. ने चमकती आँखों से कहा और हँसने लगा। सभी को हँसी आ गई।

दुखमोचन आहिस्ता-से बोले—अभी तो हम पानी पीट रहे हैं। लगभग हर साल इस रास्ते पर मिट्टी डालते हैं और बाढ़ भी अपना काम मुस्तैदी से कर जाती है। लेकिन कितना भी झीखें-चीखें, अपनी शक्ति-भर बचाव का अपना

इन्तजाम तो आखिर करना ही होगा, कर ही रहे हैं...और कोई उपाय भी तो नहीं नजर आ रहा साहब!...

एस.डी.ओ. साहब शायद ऊँचे खानदान के ब्राह्मण थे, सिगार-सिगरेट नहीं पीते थे। पैंट के पॉकेट से उन्होंने चाँदी की नफीस डिबिया निकाली और चुटकी-भर नस नाक के पूड़ों से सुड़क ली। रूमाल से नाक और हाथ पोंछा। अब चेहरे पर इत्मीनान का भाव निखर आया। गम्भीर स्वर में कहने लगे—मैं कलक्टर और जिला बोर्ड के चेयरमैन को इस सड़क के बारे में लिखूँगा। दुखमोचन बाबू, आप तो धीरज की खान हैं। इतने दिन झेलते आए तो दो-एक वर्ष और झेल लीजिए...पिपरा बाजार के व्यापारी भी इस मार्ग का विकास चाहते हैं। मुझे तो विश्वास है कि दो-तीन साल के अन्दर ही आठ मील का यह रास्ता पक्का हो जाएगा।

अंचलाधिकारी और दारोगा ने सहमति में माथा हिलाया।

मंत्रीजी ज़रा अलग होकर मजदूरों और ग्रामीणों से कुछ पूछताछ कर रहे थे। वेणीमाधव और रामसागर उन महाशयजी के अगल-बगल खड़े थे।

भीगे कपड़े से ढकी बाल्टी में कंचन शरबत लेकर पहुँचा। राधे के हाथ में लोटा और गिलास थे। ऑफिसरों के आने की खबर पिपरा बाजार से सुबह ही आई थी। वे वक्त के मुताबिक आ गए थे।

स्कूल से चार कुर्सियाँ और एक टेबल मँगवा लिया गया था।

दुखमोचन ने हाथ जोड़कर कहा—हुजूर, पानी पी लिया जाए चलकर। वहाँ कैम्प के पास लौटना होगा हुजूर!...

—प्यास? नहीं, प्यास नहीं लगी है।

—नहीं हुजूर, सो कहाँ मानेंगे हम!

एस.डी.ओ. ने अंचलाधिकारी और हिन्द-हितकारी समाज के मंत्री हेमराज शर्मा की तरफ देखा तो जवाब में उनके सिर हिले। संकेत साफ था कि प्यास नहीं लगी है। लेकिन दुखमोचन ने बार-बार अनुरोध किया तो वे मान गए।

अधिकारी कैम्प के नजदीक लौट आए।

टेबल पर काँसे की चार कटोरियाँ रखी हुई थीं, घी में भुने नमकीन तालमखाने भरे थे उनमें।

दुखमोचन ने विनम्र भाव से कहा—यह कुछ नहीं है हुजूर, तिरहुत इलाके का खास मेवा है...

—हम तो खा-पीकर चले थे।—अंचलाधिकारी साहब एक-एक शब्द पर जोर देकर बोले और एस.डी.ओ की तरफ देखने लगे तो उन्होंने कहा—बस, शरबत-मात्रा।

—नहीं श्रीमान्, तालमखाने तो आपको लेने ही होंगे।

भीड़ बटुर आई थी। उसने सम्मिलित स्वर में दुखमोचन का समर्थन किया। मुंशी पुलकितदास भी तब तक लपके-लपके आ पहुँचे थे। उन्होंने हाँफते-हाँफते कहा—सरकार, तालमखाना बिलकुल हल्का होता है...सेर-भर भी खा जाइएगा तो मालूम नहीं होगा कि पेट के अन्दर कोई चीज पड़ी है... और आप तो पहली दफा आए हैं, हुजूर! हम कैसे समझेंगे कि 'दुर्जोधन घर मेवा त्यागे, साग विदुर घर खाए'।

आखिर तालमखाने की कटोरियाँ खाली हुईं और शरबत का दौर चला।

एस.डी.ओ. ने एक ही गिलास लिया, बाकी तीनों ने दो-दो बल्कि तीन-तीन गिलास सोंट लिया।

जोगेन्द्र पान के बीड़े ले आया था, उनकी भी सद्गति हुई।

अंचलाधिकारी ने अलग ले जाकर दुखमोचन को बतलाया कि सब-डिविजनल ऑफिसर को किसी की गुमनाम चिट्ठी मिली थी। निकटवर्ती खेतों में भूमि का थोड़ा-थोड़ा हिस्सा बाँध में मिलाया जा रहा है...किसानों में इससे भारी असन्तोष है...किसी भी क्षण झगड़ा हो सकता है और दो-एक लाश गिर सकती है....गुमनाम चिट्ठी का मजमून ऐसा ही कुछ था...एस.डी.ओ. साहब यों तो सड़क का पुनर्निर्माण देखने आए हैं, मगर असल मंशा उनका तहकीकात का है।

गुमनाम चिट्ठी किसने लिखवाई होगी, दुखमोचन को समझते देर न लगी। रामसागर को भेजकर फौरन मुंशीजी के यहाँ से गाँव का नक्शा मँगवाया गया। अधिकारियों ने कई जगहों पर सड़क की नई चौड़ाई को नक्शे से मिलाकर देखा, आधा बित्ता भी किसी का खेत कहीं दबाया नहीं गया था। उलटे कई-एक किसानों ने सड़क का ही कुछ-कुछ हिस्सा दबा रखा था। सड़क पर मिट्टी

डलवाते समय शुरू में ही दुखमोचन ने जरीब से नाप-नापकर इस गलती को दुरुस्त कर लिया था और सम्बन्धित किसानों तक सूचना पहुँचा दी थी।

कपिल आ गया था। उसने अंग्रेजी में सब-डिविजनल ऑफिसर को सारी बातें समझा दीं। मोटे फ्रेमवाला काला चश्मा पॉकेट में रखता हुआ एस.डी.ओ. बोला—आप कहाँ काम करते हैं?

—कहीं नहीं, सर!—कपिल ने मुस्कराकर जवाब दिया।

ऑफिसर बोला—घर-गिरस्ती का अपना काम देखते हैं? यह तो बड़ा ही अच्छा है। पढ़े-लिखे ग्रामीण युवक यदि अपने को ग्राम-जीवन में खपा दें तो समूचा देश नई चेतना के सुफल हासिल कर लेगा।

कपिल ने इस पर कुछ नहीं कहा, लेकिन दुखमोचन बोले—यह तो हमारी बस्ती का हीरा है हुजूर, नाम है कपिल सिंह। नौकरी के लालच में गाँव छोड़कर भाग जानेवाला बन्दा नहीं है यह...

दुखमोचन ने कपिल के कन्धे पर अपना हाथ रख दिया। अंचलाधिकारी ने एस.डी.ओ. से कुछ कहा फुसफुसाकर, तो कुर्सी से उठकर उसने कपिल की तरफ हाथ बढ़ा दिया। कपिल ने आगे बढ़कर हाथ मिला लिया।

बातचीत खतम करके अधिकारी वापस जाने के लिए जीप पर सवार हुए। जीप स्टार्ट हुई और ढेर-सी धूल उड़ाती हुई सरपट भागी।

दोपहर में खाने के लिए घंटा-डेढ़ घंटा काम बन्द रहता था। आज आधा घंटा देर हो गई थी इस क्रम में। माथे पर चैत का सूरज ग्रीष्म के शैशव की प्रखरता बिखेर रहा था।

दुखमोचन हवेली के अन्दर आए तो छोटा भाई नारायण अपर्णा और जोगेन्द्र को दामोदर घाटी-योजना की उपलब्धियों के बारे में बता रहा था। वे ध्यान से उसकी बातें सुन रहे थे।

नारायण पन्द्रह दिन की छुट्टी लेकर दस महीने में घर आया था। मेहमान की ही तरह रह रहा था। अब आधी छुट्टी बाकी थी। मझले भइया से जमकर बातें करने के लिए तबीयत मचल-मचलकर रह जाती थी, मगर दुखमोचन को अवकाश हो तब न!

खिलाते समय मामी ने उलाहने की आवाज में कहा—एक जुग के बाद

नारायण अपने परिवार के बीच आया है। रोज बीस बार पूछता है भइया कहाँ गए हैं, कब तक आएँगे! अरे, घड़ी-आधी घड़ी उसके पास बैठोगे तो संसार की नवज नहीं डूब जाएगी, बबुअन!

दुखमोचन ने मुँह का कौर चबाकर गले के नीचे उतारा, मामी की ओर देखा और मुस्कराए। आहिस्ता-से बोले—अच्छी वकालत झाड़ रही हो! अबकी कोई खास तोहफा लाया होगा!

—हाँ, तुम्हारी तरह मुफ्त की वकालत नहीं करवाता है।

भौंहें चमकाकर हँसी को मामी ने पलकों में ही घोंट लिया और निगाहें फेर लीं। दुखमोचन एकाएक गम्भीर हो गए, थाली में सने हुए दाल-भात पर हाथ रोककर कहने लगे—दुनिया समझती है कि गाँववाले बड़े भोले-भाले और शराफत के पुतले होते हैं, लेकिन यहाँ आकर देख जाए कोई...कौन-सी बदमाशी छूटी है गाँववालों से! लोभ-लालच, छल-प्रपंच, झूठ-बेईमानी, ठगी और विश्वासघात...वह कौन-सा औगुन है जो यहाँ नहीं है, मामी! बतला सकती हो?

मामी समझ नहीं पा रही थीं कि आज इन्हें क्या हो गया है। सुबह भले-भले तो घर से निकले थे, अभी कुछ ही क्षण पहले नारायण की चर्चा छिड़ी तो मखौल भी किया था। मामी सोचने लगीं, उनकी जबान से तो कोई ऐसी बात नहीं निकली जिससे बबुअन का दिल चोट खा गया हो। बार-बार सोचा मामी ने, बार-बार आत्म-निरीक्षण किया, लेकिन अपनी एक भी वैसी बात पकड़ में नहीं आई।

दुखमोचन की तबीयत खाने से उचट गई, कम-से-कम मामी को तो ऐसा ही लगा।

—हड़बड़ाकर उठ नहीं जाना बबुअन, दही लाती हूँ। मगर आज क्या हो गया है तुम्हें? पाँच-सात कौर भात खाकर पीछे यह कौन-सी फिकर तुमने बुला ली है?

—नहीं मामी, कोई बात नहीं है। खा ही तो रहा हूँ...दुखमोचन जैसे-तैसे खाते रहे। मामी दही ले आईं, ऊपर से चुटकी-भर नमक डाल दिया।

खा-पीकर ज़रा देर के लिए आराम करने गए।

पलँग के पास स्टूल पर मामी भी बैठीं, पान देकर पूछा—मेरी कसम तुम्हें, अगर यह बात तुमने न बतलाई...आज बाहर से अफसर लोग आए थे। ऐसे मौकों पर तो तुम हमेशा खुश नजर आते थे, बबुअन! लेकिन आज क्या हुआ तुमको?

—गाँववालों ने एस.डी.ओ. को गुमनाम चिट्ठी लिखी है!—दुखमोचन उदास स्वर में बोले—मेरी शिकायत की है कि मैं किसानों के खेत बरबाद करके सड़क को अधिक-से-अधिक चौड़ा कर रहा हूँ...

—साँच को आँच क्या?—मामी ने कहा—नक्शा मिलाकर दिखला नहीं दिया?

—सो तो सबकुछ दिखला दिया मामी, लेकिन मैं तो गुमनाम चिट्ठी लिखनेवालों के कमीनेपन पर सुलग रहा हूँ। गाँववालों का यही रवैया रहा तो दुखमोचन फिर कलकत्ता चला जाएगा...

—अरे, समूचे गाँव का इसमें क्या कसूर है? दो ही चार तो हैं जो लाल चीटों की तरह तुम्हें छिप-छिपकर डसते रहते हैं। बाकी लोग तो किसी कीमत पर तुम्हें छोड़ना नहीं चाहेंगे, बबुअन! झूठ कहती हूँ?

दुखमोचन ने कुछ नहीं कहा इस पर। थोड़ी देर तक पान चबाते रहे। फिर बोले—नारायण से कल रात बातें करूँगा, उसे कह देना।

—कह दूँगी—मामी ने कहा और उनके हाथों की तरफ गौर से देखने लगीं। बाईं हथेली की खाल दो-तीन जगहों पर सिकुड़ी-सी, स्याह-सी नजर आई तो विस्मय के स्वर में बोलीं—लाओ, हाथ तो देखूँ!

दुखमोचन के दोनों हाथ आगे फैल गए। मामी ने बाईं हथेली को अपने हाथों में ले लिया, शिकायती निगाहों और स्वरों में कहा—कुदाल से मिट्टी काटने का शौक चर्राया है! अच्छा होता कि दस-बीस फफोले निकल आते और तुम घर बैठते! कुदाल और टोकरी लेकर सैकड़ों आदमी तो काम में जुटे रहते हैं, तुम्हें क्या पड़ी कुदाल चलाने की?

—इसकी भी जरूरत पड़ती है, मामी! मैं भी उन्हीं सैकड़ों आदमियों में से एक हूँ। उनसे अलहदा रहने लगूँ तो दम ही घुट जाए! वेणीमाधव, रामसागर, मधुकान्त...सबका यही हाल है, मामी!

—तुम लोगों से कौन जीतेगा, बबुअन!

मामी ने हथेली छोड़ दी। उठकर अलमारी से धुला कुरता निकाला, सुई और धागा लेकर बटन टाँकने बैठ गईं। इस बीच दुखमोचन अखबार देखने लगे थे।

टुनू ने झाँककर देखा। पायलोंवाले पैर आहिस्ता-से पलटकर पिता का ध्यान खींच लेने की अपनी सफलता पर वह आप ही खिलखिला उठी और भाग गई। इस पर मामी और दुखमोचन मुस्करा पड़े।

दस

निश्चित अवधि से एक रोज पहले ही सड़क की मरम्मत का काम पूरा हो गया। इस खुशी में दुखमोचन और वेणीमाधव ने लोगों को दूध-चीनी और भंग की पार्टी दी।

अंचलाधिकारी साहब ने बाढ़-सहायता फंड से पच्चीस मन अनाज मजदूरी के लिए दिया। पन्द्रह मन पहले से जमा था। बाकी मजदूरी नकद दी गई।

पानी भरनेवाली मजदूरनियों के बारे में दुखमोचन की सिफारिश पर पंचों ने यह निर्णय दिया कि फी घड़ा आठ आने मिलना चाहिए। यानी यदि कोई मजदूरनी किसी परिवार को प्रतिदिन चार घड़े पानी देती है तो दो रुपये माहवार पाएगी। मजदूरनियों ने इस फैसले को खुशी-खुशी मान लिया। डेढ़ महीने तक अनियमित रूप में चलने के बाद हड़ताल अपने-आप और पहले ही समाप्त हो चुकी थी।

पर्याप्त सीमेंट न मिलने के कारण मुंशी पुलकितदास भीतर-ही-भीतर दुखमोचन पर नाराज थे। नारायण हजारीबाग वापस जा चुका था। मिडिल स्कूल की सालाना परीक्षाएँ करीब आ गई थीं।

दुखमोचन

पिछले कई दिनों से पछिया हवा जोरों पर थी। अमराइयों में टिकोले बुरी तरह झड़ रहे थे। नित्याबाबू के बाग में लीचियों के कई झाड़ थे। उनकी भी कच्ची फलियाँ टूट-टूटकर गिर रही थीं।

औरतें घर के अन्दर खाना पकाती थीं, बरामदे में चूल्हे नहीं सुलगाती थीं कि चिनगारी छिटकेगी और हवा के झोंके उसे ले उड़ेंगे।

हरखू की अम्मा शाम को हुक्का पी रही थी। कश खींचने पर तम्बाकू की टिकिया आतिशी फुलझड़ी की तरह पड़पड़ा उठती थी। आज भी वही हुआ। जैसे ही बुढ़िया ने तीसरी बार जोर का कश खींचा कि सुलगती टिकिया से चिनगारियाँ भड़क उठीं।

फूस के दो छोटे-छोटे घर थे हरखू के। छप्पर भीतों पर नहीं, सरकंडों के टट्टरों पर थे। दोनों तरफ जीमड़ के पतले खम्भे उन्हें सँभाले हुए थे। पलानी काफी नीचे झुकी हुई थी। बुढ़िया को पता नहीं चला, कब कैसे चिनगारी पलानी की फूस तक पहुँची और कितनी देर तक अन्दर-ही-अन्दर सुलगती रही।

ओसारे की खम्भेली से हुक्का टिकाकर हरखू की माँ पोते की खोज में निकली कि पलानी का छप्पर लपटों में सुलग उठा। बुढ़िया ने नहीं देखा, आगे बढ़ गई थी। हरखू की औरत साँझ सकारे खा-पीकर आज पड़ोसिनों से गप्पें मारने निकली थी; बड़ी लड़की भी पीछे-पीछे गई थी।

दूसरे घर की ओरियानी में दो बकरियाँ और बछिया बँधी थीं, धुएँ की घुटन से वे चक्कर काटने और मिमियाने-रँभाने लगीं।

मिनट-आधे मिनट में ही दोनों घरों के ऊपरी छप्पर जल उठे। उड़ते बगूले हवा के झोंकों में पास-पड़ोस के छप्परों पर उड़ने लगे। जहाँ-तहाँ घर जलने लगे। 'आग', 'आग', 'दौड़ो', 'दौड़ो', की चीख-पुकार मच गई। जो जहाँ था, वहीं से दौड़ पड़ा। भागते लोग एक-दूसरे से टकराते और पूछते—'कहाँ, किधर?'

आज दोपहर में पछिया हवा ने जो प्रचंड रूप धारण किया था, अब तक उसमें कमी नहीं आई थी। दस मिनट बीतते-न-बीतते पास-पड़ोस के पच्चीसों घर ज्वालाओं के पुंज दिखाई देने लगे।

समूची बस्ती में खपरैल के मकान बीस-तीस से ज्यादा नहीं थे। बाकी छप्परों पर फूस-ही-फूस था। फागुन और चैत की पछिया में सूख-सूखकर फूस

फूस नहीं पलीता हो रहा था। बगूला गिरते ही छप्पर सुलग उठता और अगले ही क्षण ऊँची लपटों का नाच शुरू हो जाता।

बूढ़ों-बच्चों समेत सारी जनता बाहर निकल आई।

औरतें हाय-हाय करती हुई अपने-अपने घर के सामान निकालने लगीं, बच्चे और बूढ़े उनका हाथ बँटा रहे थे। मर्द फुरती से छप्परों पर चढ़ गए। अधिकांश आदमी घड़े लेकर कुओं और पोखरों की तरफ भागे। हाथों-हाथ पानी-भरे घड़े छप्परों पर उँड़ेले जाने लगे। धूल-भरी टोकरियाँ भी आग की लपटों पर डाली जाने लगीं। कहीं-कहीं बंधन काटकर छप्पर नीचे गिराए जा रहे थे। मगर अग्निदेवी का कोप अब भी उफान पर ही था।

दुसाधों, ग्वालों, धनुकों और जुलाहों के टोले तो आग की लपेट में आ ही चुके थे। अब ब्राह्मणों के घर जलने लगे। पहला बगूला मधुकान्त के रसोईघर पर पड़ा। वह तीन भरे घड़े थामकर पहले से ही मुँडेर पर मुस्तैद था, लेकिन बगूला पड़ा अन्दरवाले घर के छप्पर पर। मधुकान्त का भतीजा शशिकांत उस पर चढ़ने की कोशिश करने लगा मगर अन्ततः असफल रहा।

दुखमोचन रामसागर के घर की तरफ भागे। वह खुद मेहमानदारी में गया हुआ था। परिवार में स्त्री और दो बच्चों के अलावा और कोई न था।

थोड़ी देर तक तो एक या दूसरा घर बचाने के लिए भाग-दौड़ और कोशिशें चलती रहीं, लेकिन समूचा गाँव ही जब प्रलयंकर लपटों की गिरफ्त में आ गया तो लोग घरों और अन्दर से न निकाली जा सकी वस्तुओं की तरफ से हताश हो गए।

पंडित सुखदेव ने पहला काम यही किया कि शालिग्राम और नर्मदेश्वरवाली पूजा की पिटारी उठाकर कुएँ के आगे कलम बाग में रख आए। पीछे बच्चों को हटाया। गाय और बैलों को खोलकर नदी की तरफ भगा दिया। फिर घर के अन्दर से कानूनी कागजातवाला बक्सा निकाला। बाद को पोथियों-पत्रोंवाले काठ के सन्दूक हटवाए।

छोटी बहू और अपर्णा ने मिलकर गहनों के डिब्बे, कपड़ों के ट्रंक, काँसे-पीतल के बरतन-बासन आदि निकाले। मामी ने खुरपी लेकर जल्दी-जल्दी कुलदेवता की पिंडी खोद डाली और उसे थाली में जमाकर बाहर ले आईं।

दुखमोचन की अलमारी खाली की जा चुकी थी। पलँग पर से बिस्तर वगैरह हटाया जा चुका था। पीछे कंचन और कन्हाई भागते आए तो पलँग-अलमारी-तख्तपोश-सन्दूक आदि भारी-भारी सामान निकले।

सुखदेव, छोटी बहू और अपर्णा फूट-फूटकर रो रहे थे। जोगेन्द्र और टुनू आतंक के मारे संज्ञा-शून्य की तरह कुएँ के नजदीक खड़े थे। मामी की आँखों से आँसू बह रहे थे, लेकिन होंठों पर ताला जड़ा था। कटोरी में चिउड़ा भिगोकर और उसमें दही-चीनी मिलाकर मामी ने सुखदेव को थमा दिया, हाथ के इशारे से बताया कि जलते छप्परों की तरफ अग्निदेव के उद्देश्य से यह छोड़ दें। सुखदेव ने 'ओं अग्नये स्वाहा', 'ओं अग्नये स्वाहा' कहकर पाँच-सात बार वह अन्न अग्नि की तरफ फेंका और कटोरी खाली कर दी।

हजारों का हाहाकार वातावरण को भयानक बना रहा था। ऊपर की तरफ लपकती लपटों से चैत की काली रात का वह पहला पहर कोसों तक जगमगा रहा था। आसपास विशाल बरगदों, पीपलों और पाकड़ों की टहनियों में लटकनेवाले सैकड़ों घोंसले खाली हो गए थे, भयभीत पक्षियों का झुंड आकाश में चक्कर काट रहा था, मर्मवेधक कोलाहल दिशाओं में टकरा-टकराकर और कई गुना अधिक होकर वापस आ रहा था। आतंकित मवेशी रह-रहकर रँभा उठते थे तो यह विभीषिका और भी घनी हो उठती थी।

आधा घंटा बाद दुखमोचन अपने परिवार की सुध लेने आए तो सबको दहशत में डूबा पाया। टुनू पिता से चिपट गई और रोने लगी। मामी ने रुआँसी आवाज में कहा—अब इस वक्त तुम्हें और कहीं नहीं जाने दूँगी। चुपचाप बैठे रहो, बबुअन! भगवान् की यही मरजी थी...लगता है, अग्नि महाराज बहुत भूखे थे।

बिटिया के बदन पर हाथ फेरते-फेरते दुखमोचन बोले—भूखे तो क्या रहेंगे अग्नि महाराज! दुनिया की बात छोड़ दो, साल-साल इसी इलाके में बीसियों गाँव जलाकर खाक कर देते हैं। सन्तोष तो अग्निदेव को न कभी हुआ, न होने का। इन्हें तो काबू में करना होगा, मामी!

उधर से सुखदेव ने उदास स्वर में कहा—अग्नि को कभी काबू में नहीं किया जा सकेगा, यह कोई मामूली देवता हैं बबुअन?

वाद-विवाद का यह वक्त नहीं था। दुखमोचन चुप रहे। टुनू के बदन पर उसी तरह हाथ फेरते रहे। मामी ने डबडबाई आँखों से जलते घरों की ओर देखा, माथा झुकाकर और दोनों हाथ जोड़कर कहने लगीं—दुहाई महाराज की! घर-गृहस्थी तो लोगों की स्वाहा कर ही डाली आपने, जान न लेना किसी की! कुत्ते की भी नहीं, बिल्ली की भी नहीं! मेरी इत्ती-सी प्रार्थना मंजूर करना! देखना अग्नि महाराज!...

दुखमोचन बोले—हाँ मामी, मुझे भी बस अब एक ही बात की फिक्र है कि इस अग्निकांड में झुलसकर कोई प्राण न गँवा बैठे...प्यास लगी है, मामी!

मामी डोल लेकर कुएँ से पानी निकालने गईं। उतनी दूर पर भी आँच की गरमी लग रही थी।

कुएँ से सैकड़ों घड़े पानी निकाला गया था अभी-अभी। पानी गँदला हो गया था, पीने के काबिल नहीं था। लेकिन प्यास जोर की लगी थी, दुखमोचन लोटा-भर पानी गट-गट पी गए। टुनू को गोद से उतारकर बोले—मामी, मेरा इस वक्त यों बैठ जाना ठीक नहीं। जाने दो, जल्दी ही लौट आऊँगा...घबराओ मत! पड़ोसी गाँव से रक्षा-समितिवाले आ गए हैं और अपने आदमी भी तो हैं...

मामी का चेहरा और भी फीका पड़ गया, बोलीं—बीच-बीच में किसी को भेजकर हमारी खोज-खबर लेते रहना।

—यह भी कहने की बात है भला!

सुखदेव ने कहा—मैं भी साथ चलूँ, बबुअन?

—नहीं-नहीं, भइया! आप कहीं नहीं जाइए। बस, आप अपने परिवार की देख-रेख कीजिए। चीज-बस्त की भी निगरानी रखिएगा...कंचन और कन्हाई आपकी खोज-खबर लेते रहेंगे...

दुखमोचन दस-पन्द्रह कदम गए होंगे, मामी ने ऊँची आवाज़ में कहा—जूते नहीं लिए? पैर झुलस जाएँगे...

अपर्णा पिता को जूते दे आई।

जहाँ-जहाँ रास्ते के दोनों ओर घर जल रहे थे, उधर से चलना भट्ठियों की दो कतारों के दरमियान होकर गुजरने-जैसा लगता था। सभी परिवारों का एक-जैसा हाल था। सब हताश थे, सभी रो रहे थे। सामान घरों से बाहर मैदानों

में, खेतों में, बागों में, बीच-बीच की खुली जगहों में जमा कर दिया गया था। बच्चे और औरतें अपने-अपने सामान के इर्द-गिर्द रोती-बिसूरती दिखाई दे रही थीं। गायों, बैलों, भैंसों और बकरियों को गाँव के बाहर भगा दिया गया था।

यह आग पहले कहाँ से उठी और कैसे फैली, इस बात का पता लगाने की न किसी को सुध थी, और न अभी इसका पता लगाना आवश्यक ही प्रतीत हो रहा था। लेकिन इतना अच्छी तरह मालूम हो गया था कि दुसाधों का ही पुरवा पहले सुलगा था। हो न हो, समूचे गाँव की इस बरबादी का असल कारण वही लोग थे...इसी तरह की बातें दुखमोचन के कानों में पड़ने लगीं, तो उन्होंने फौरन प्रतिवाद किया। कहा कि इस बरबादी का असल कारण है हमारे घरों को फूस से छवाया जाना। समूची बस्ती अगर खपरैल के मकानों की रही होती, तो अग्निदेव का मनोरथ अपूर्ण ही रह जाता।

नित्याबाबू ने दुखमोचन को देखा तो पुक्का फाड़कर रो पड़े।

अभी पचास कदमों का फासला था। दुखमोचन के साथ वेणीमाधव, कपिल और मिहिर थे।

वेणीमाधव ने आहिस्ता-से कहा—इनके लिए आग नहीं, भूचाल आता तो ठीक था। अच्छा होता कि नित्याबाबू के वे सन्दूक जलकर राख हो जाते, जिनमें कबाला और रेहन-मकबूला के दस्तावेज, काश्तकारी कागजात, ब्याज पर लगाए रुपयों के हैंडनोट आदि रखे हैं...सबकुछ स्वाहा हो जाता नित्याबाबू का!...मेरी तो तबीयत करती है कि बुढ़ऊ को उठाकर इस आग में डाल दूँ...

दुखमोचन ने पीछे घूमकर वेणीमाधव को देखा। भौंहें तन गई थीं, मुख का भाव कठोर हो आया था। कपिल और मिहिर ने दुखमोचन का यह भावांतर ताड़ लिया, लेकिन वेणीमाधव की समझ में नहीं आया यह सब।

ज़रा देर बाद दुखमोचन बोले—विपत्ति के इन क्षणों में इस तरह की बातें करना बर्बर प्रतिहिंसा का सूचक है, वेणीमाधव! नित्याबाबू की हरकतों से हमारा काफी नुकसान हुआ है और आगे भी हो सकता है, लेकिन इस वक्त तो हम बिना किसी भेद-भाव के उनकी सहायता करेंगे। मैं महसूस करता हूँ कि अपने गाँव के एक-एक व्यक्ति की सुरक्षा का दायित्व हम पर है। अभी यह नहीं देखना है कि फलाँ दौलतमन्द है और फलाँ गरीब है, फलाँ हमें गालियाँ देता

है और फलाँ हमारा नाम लेकर सुबह-शाम शंख फूँकता है...अभी एक-एक व्यक्ति हमारा अपना आदमी है, वेणीमाधव!

सभी चुप थे।

बरामदे से नीचे आकर नित्याबाबू दुखमोचन के पैरों पर गिरने को हुए, मगर दुखमोचन ने उन्हें बाँहों में ले लिया।

रो-रोकर नित्याबाबू ने कहा—दादा के जमाने के काठ के दोनों बड़े सन्दूक पुराने मकान के अन्दर पड़े हैं...लोहे के बड़े-बड़े और मजबूत ताले लगे हैं उनमें...चाबियाँ भी नहीं मिल रही हैं इस वक्त...सन्दूकों में चार पुश्त पुराने बरतन अँटे पड़े हैं बेटा...

घिग्घी बँध गई नित्याबाबू की, आगे एक भी साफ शब्द मुँह से नहीं निकल रहा था। पड़ोसी घरों की लपकती लपटों के प्रकाश में लगातार बहते आँसुओं की मोटी लकीरें चिकने-चुपड़े, गढ़ीले-साँवले गालों को कई गुना ज्यादा चमका रही थीं।

अपनी धोती की खूँट से नित्याबाबू के आँसू पोंछते हुए दुखमोचन ने उन्हें आश्वासन दिया—मैं निकलवाता हूँ सन्दूक, चाचाजी! आप रत्ती-भर भी फिक्र न कीजिए...

—तुम्हारा ही भरोसा है, दुखमोचन!—घिघियाते स्वर में नित्याबाबू बोले—मैं तो पुराना पापी हूँ, रात-दिन तुम्हारा बुरा चाहता रहा हूँ...

—उहूँ उहूँ उहूँ! यह सब क्या कह रहे हैं आप?

दुखमोचन ने नित्याबाबू के मुख पर हथेली रख दी, तो वह और अधिक रो पड़े।

दुखमोचन ने नित्याबाबू को अभी उसी तरह रोता छोड़ दिया। वह बड़े दरवाजे से अन्दर हवेली में घुसे। दो मकान नये और पक्के थे, तीन पुराने। तीनों की दीवारें तो पक्की ईंटों की थीं लेकिन छप्पर सारे-के-सारे बड़े और मजबूत होने पर भी ऊपर फूस से छवाए हुए थे, मोटे और अच्छे किस्म के फूस से जैसा कि गाँव के किसी दूसरे गृहस्थ के छप्पर पर नहीं था।

तीनों मकान लपटों की चपेट में आ चुके थे। पाँच-सात मजदूर छोटे-मोटे सामान अब भी हटा रहे थे। सन्दूक लेकिन टस-से-मस नहीं हो रहे थे।

दुखमोचन ने कपिल को दौड़ाया, रक्षा-समितिवाले जवान मधुकान्त के टोले में बचाव का काम कर रहे थे। पन्द्रह मिनट के अन्दर वे आ धमके।

आग अब तक भीतर पहुँच चुकी थी। छप्परों के अन्दरूनी ढाँचे जलने लगे थे। बरेड़ी का ऊपरी हिस्सा सुलग रहा था। धरनें, मानिकथंभ और बीचवाले दोनों खम्भे ही बच रहे थे।

खंती से ईंटें खोदकर चौखट गिरा दी गई। दस आदमियों ने ठेल-ठालकर सन्दूक बाहर निकाल लिए! इन बड़े सन्दूकों में नीचे छः-छः मोटे पहिए लगे थे। नित्याबाबू का आँगन क्या था, अच्छा-खासा मैदान था। आँगन के बीचोबीच लाकर सन्दूकों को खड़ा कर दिया गया।

बाकी लोग उधर भौंहों से टपकते पसीने पोंछ रहे थे और नित्याबाबू दुखमोचन से चिपटकर रो रहे थे।

दुखमोचन उनके आँसू पोंछते-पोंछते बोले—चाचाजी, आपके तो भला दो पक्के और शानदार मकान अब भी खड़े हैं, लेकिन बाकी लोग कहाँ पनाह लेंगे? हमें अभी फुरसत दीजिए, समूचा गाँव प्रलय-काल का लावा बनकर धधक रहा है...धान के बखार तो आपके सही-सलामत हैं न, चाचा?

रोते-रोते नित्याबाबू ने कहा—हाँ, दुखमोचन! अनाज पर कोई आँच नहीं आई। 'आग-आग' का शोर-गुल मचा और लपकती लपटों से आसमान को उजागर देखा तो मैंने पहला काम यही किया कि बखारों के छप्पर नीचे गिरवा दिये, वरना सारा गल्ला खाक हो जाता...आज हमारे घूटर ने बड़ी हिम्मत दिखाई है...मगर दादा-परदादा के बनवाए मकान आखिर जल ही गए, बेटा!

—अजी, फिर से बन जाएँगे चाचा, आप तो नाहक अफसोस करते हैं...

—बाँस-काठ और घास-फूस की ऐसी कारीगरी अब कहाँ देखने को मिलेगी, दुखन?

नित्याबाबू फिर रोने लगे, तो दुखमोचन ने उन्हें इशारे से चुप रहने को कहा। अगले ही क्षण सभी बाहर निकले और गाँव के बड़े रास्ते पर आ गए।

राजपूतों का पुरवा गाँव के दक्षिण-पश्चिमी छोर पर कुछ अलग हटकर आबाद था। बाँसों की चौड़ी-घनी झुरमुटें और कलमी आमों के बाग दरमियान में पड़ते थे, इससे राजपूतों का टोला बच गया। इधर से जलते घरों के जो भी

बगूले उड़े, वे बँसवार और अमराई में उलझकर रह गए।

मुंशी पुलकितदास के दो मकान खपरैल के थे, इसी से नहीं जले। बाकी दो घर फूस से छवाए हुए थे, जिनके आठों छप्पर खुलकर दहकते रहे। मुंशीजी के आँसू रुकते ही नहीं थे। दहशत के मारे नवलकिशोर की जबान बन्द थी।

गाँव-भर में जितने भी खपरैल के मकान थे, आग ने मानो छू-छूकर उन्हें छोड़ दिया। लेकिन इस प्रकार के घर तीस से ज्यादा नहीं थे। दस घर ब्राह्मणों के, सात-आठ जुलाहों के, चार कायस्थों के, दो ग्वालों के, तीन-चार भूमिहारों के,...मिडिल स्कूल का मकान...देवी मन्दिर के नजदीक ब्रह्म का मंडप... पंचायत का छोटा घर...बस, यही कुछ मकान थे, जो नये-पुराने खपड़ों से छवाए हुए थे।

वेणीमाधव का बैठकखानावाला बड़ा मकान इन्हीं में से एक था। उसकी बरामदेवाली खम्भेलियाँ-भर झुलसकर रह गईं, बाकी समूचा बच गया। शेष फूसवाले तीनों घर स्वाहा हो गए थे। मधुकान्त, रामसागर, दुखमोचन, टेकनाथ, कंचन, कन्हाई, बौधू, परमेसर आदि का एक भी घर नहीं बचा था।

मास्टर टेकनाथ बूआ से एक बूढ़ा बैल माँगकर लाया था पिछले साल। खूँटे से खोल देने पर भी जाने कब वह किधर से होकर वापस आ गया और मास्टर के अनजाने ही पड़ोस की सँकरी गली के दहकते कोने में झुलसकर ढेर हो गया था...

टेकनाथ-जैसे गरीब ब्राह्मण के लिए वह कोई मामूली मुसीबत नहीं थी। घर जल गए; कोई बात नहीं; मड़ैया खड़ी कर ली जाएगी, जैसे-तैसे गुजारा हो लेगा। लेकिन बैल के जल मरने पर यह जो चारों चरन प्रायश्चित लग गया है इससे छुटकारा पाने में सिर का एक-एक बाल नुच जाएगा...

देर तक मास्टर दुखमोचन को खोजता फिरा। उनसे उसकी मुलाकात आखिर चमारों के टोले में हो गई।

दुखमोचन चमारों की बिरादरी के सबसे बुजुर्ग बौधू चाचा से बातें कर रहे थे, मालूम कर रहे थे कि इस बिरादरी में अग्निकांड से किसका कितना नुकसान हुआ है। यों घूम-घामकर वह सबकुछ देख चुके थे, फिर भी बातचीत आवश्यक थी।

निगाहें मिलते ही दुखमोचन ने पूछा—कहो मास्टर, चीज-बस्त तो नहीं नुकसान गई? घर तो खैर सबके खाक हो गए हैं...तुम्हारे भी, हमारे भी, बौधू चाचा के भी, इनके भी और उनके भी...

टेकनाथ की आँखें छलछला आईं, लगा कि एक शब्द भी गले से ऊपर आएगा तो माथा फट जाएगा। वह चुप रहा, चुप क्या रहा, जबान ही नहीं खुली!

दुखमोचन ने जले छप्परों के दमकते अंगारों की मामूली रोशनी में भी मास्टर का फीका चेहरा देख लिया...फड़कते होंठ, डबडबाई आँखें, उसाँस में फूलते नथुने...

उन्होंने गाढ़ी आत्मीयता के लहजे में फिर कहा—बोलते क्यों नहीं हो? क्या हुआ टेकनाथ।

इतना कहकर दुखमोचन बिलकुल करीब आ गए और टेकनाथ के दाहिने कन्धे पर अपना बायाँ हाथ रख दिया। दाहिने हाथ से उसकी ठुड्डी ऊपर उठाकर ममता की आवाज में फिर पूछा—क्यों भाई, बोलते क्यों नहीं? क्या हुआ?

अब मास्टर फफक-फफककर रोने लगा।

दुखमोचन ने उसे अपनी बाँहों में ले लिया। घंटों घूम-घूमकर वह गाँव-भर की आग बुझाते रहे थे। इससे हाथ तो काले हो ही गए थे, बल्कि हथेलियाँ सूज गई थीं, एक-एक उँगली में पाँच-पाँच फफोले निकल आए थे। पैरों का भी यही हाल था। चेहरा भी स्याह लग रहा था। मूँछों और बालों में उड़ते बगूलों की सफेद-धूमिल छाइयाँ उलझ पड़ी थीं...

टेकनाथ की भी यही तसवीर थी। बौधू चाचा का भी यही नक्शा था, वेणीमाधव और कपिल का भी। रक्षा-समितिवाले भी ऐसे ही दिखाई देते थे।

टेकनाथ ने रो-रोकर कहा—मेरा बैल झुलसकर मर गया, दुखमोचन! मुझे तो चारों चरन प्रायश्चित लग गए...घर जलने का उतना अफसोस नहीं है, जितना इस बात का...बैल की हत्या का यह कलंक कैसे छूटेगा? कैसेऽऽऽ...

आगे मास्टर से बोला नहीं गया, वह फूट-फूटकर रोने लगा।

सभी चुप थे। एक भी शब्द किसी के मुँह से निकलना नहीं चाहता था। सभी के दिमागों पर मानो गोहत्या का वह पाप क्षण-भर के लिए अपना विषैला

प्रभाव छोड़ गया हो। दुखमोचन की बाँहें अनजाने ही टेकनाथ के बदन से अलग हो गई थीं, क्षण-भर के लिए वह भी किंकर्तव्यविमूढ़ हो गए।

एकाएक दुखमोचन की अपनी सधी चेतना चौकस हो गई, टेकनाथ के कन्धे पर उनका एक हाथ फिर पहुँच गया। आश्वासन की गम्भीर भंगिमा में वह बोले—पंडितों के पुराने पचड़े में नहीं पड़ना मास्टर, वे तो पतिया-प्रायश्चित के खर्चीले खटरागों में फँसाकर तुम्हारी बधिया ही बिठा देंगे।

टेकनाथ रोकर हल्का हो चुका था और दुखमोचन का अनुकूल रुख उसके मन में छुटकारे की आशा का संचार कर रहा था। आहिस्ता लेकिन उदास स्वर में कह गया—मैं किसी से कहूँ भी तो कौन यह मानने को तैयार होगा कि बैल जलकर नहीं मरा है? बात तो आखिर सच है ही...

दुखमोचन तुनककर बोले—तो तुमने जान-बूझकर अपने बैल को आग में झोंक दिया था? अरे, अग्नि महाराज की यही मरजी थी भइया! अब इसके लिए तुम अपने प्राण क्यों संकट में डालोगे, मास्टर?

गद्गद स्वर में टेकनाथ ने कहा—मेरी अकल कुछ काम नहीं दे रही है दुखमोचन, तुम्हारी बात तुम्हीं जानो भाई!

—हाँ, इस मामले में तुम कुछ नहीं बोलना। मैं पंडितों से निबट लूँगा, मास्टर!

—मुझे कुछ नहीं सूझ रहा है, एकमात्र तुम्हीं सूझ रहे हो...तभी तो दौड़ा आया हूँ।

—जाओ, रत्ती-भर भी फिक्र मत करो, टेकनाथ।

ग्यारह

अधेड़ दीखनेवाले एक आदमी ने उत्तर की तरफ से गाँव में प्रवेश किया। दाढ़ी और सिर के बाल काफी बढ़े हुए थे। कपार चौड़ा, नाक नुकीली और आँखें बड़ी-बड़ी।

रामसागर ने उसे सड़क के मोड़ पर ही देखा। अब बड़ी सड़क छोड़कर आगंतुक ने जब छोटी सड़क पकड़ी और गाँव की सीमा के अन्दर पैर रखे तो रामसागर लपककर करीब आया। पूछा—किसके यहाँ जाना है?

दाढ़ी पर हाथ फेरकर आगंतुक बोला—पंडित सुखदेव मिश्र के यहाँ... मगर देख रहा हूँ कि अग्निदेव ने खुलकर तांडव-नृत्य किया है। समूचा गाँव जलकर खाक हो गया है...राख के समुद्र में बीस-पच्चीस खपरैल-मकान और पाँच-सात कोठे टापुओं की तरह चमकते हैं। हे नारायण, यह कैसी दुर्दशा तुमने इस गाँव की कर दी!

आगे एक शब्द भी आगंतुक से नहीं बोला गया, गला फँस गया शोक के उफान में। आँखों में आँसू छलछला आए थे।

मलमल की लाल-सुर्ख धोती, कुरता भी उसी तरह लाल। गले में हाथी के दाँत तराशकर बनाई गई मनकों की माला लटक रही थी। पैरों में कपड़े के किरमिची जूते।

—महाराज, आप कहाँ के रहनेवाले हैं?—रामसागर ने पूछा।

आगंतुक ने ठहाका लगाया और कहा—गलत पूछा! अरे, यह पूछिए कि कहाँ का नहीं रहनेवाला हूँ!

—अजीब बातें करते हैं आप तो!

—हाँ, मैं खुद ही अजीब हूँ। फिर मेरी बातें अजीब नहीं होंगी!

रामसागर की समझ में नहीं आया कि आगंतुक का सुखदेव से क्या रिश्ता हो सकता है। वह सुखदेव और दुखमोचन के प्रायः सभी रिश्तेदारों को पहचानता था। अग्निकांड के बाद सभी रिश्तेदार मिलने आ रहे थे। जान-पहचान के दूसरे लोगों का भी आवागमन बढ़ गया था। यह नई बात नहीं थी कि पंडित सुखदेव से कोई मिलने आया था। मगर प्रश्नों का ऊटपटाँग जवाब देनेवाला यह कौन हो सकता है सुखदेव का, रामसागर की समझ में नहीं आया।

कुछ सोचकर उसने कहा—इस गाँव में शायद आप पहली बार आए हैं। चलिए, मैं आपको सुखदेव भाई के ठिकाने तक छोड़ आता हूँ।

—चलिए! आगंतुक ने ठहाका लगाया और कहा—पहली और दूसरी बार आया हो चाहे दसवीं बार, अग्निदेव की सत्यानाशी कृपा के कारण कौन अभ्यागत भ्रम में नहीं पड़ जाएगा! झुलसी भीतें, काले-अधजले खम्भे, ठूँठ और कलूटे खूँटे...नारायण! नारायण! कैसा भयानक दिखलाई पड़ता है गाँव! दुर्गा! दुर्गा! दुर्गा! काली! काली! काली! कब लगी थी आग? आज कै दिन हुए हैं?

—छः रोज हुए हैं।—रामसागर ने कहा—महाराज, आपने बतलाया नहीं, कहाँ से आ रहे हैं?

आगंतुक ने रुककर कहा—मैं नर्मदा-तट से आ रहा हूँ, नाम मेरा है लीलाधर झा। हमारी कुटिया में एक भगत उस रोज अखबार ले आया था। उसी ने खबर सुनाई कि दरभंगा जिले का टमका-कोइली गाँव जलकर खाक हो गया है...सुखदेव की मामी मेरी भाभी होती हैं। जिज्ञासा में आया हूँ...ठीक-ठाक हैं न वे लोग?

—हाँ महाराज, ठीक-ठाक हैं। घर अलबत्ता जल गए, मगर जान-माल का नुकसान नहीं हुआ...आँच और धुएँ की धौंस से गल्ला बरबाद हो गया...

—तारा! तारा! तारा! काली! काली! काली!

—हाँ महाराज, महामाया की ही लीला है सबकुछ!...तो आप रिश्ते में सुखदेव भाई के मामा हुए न?

—हाँ, लीलाधर क्षण-भर रुककर बोला—लेकिन उनकी मामी सकुशल हैं न?

—जी, महाराज!

अब रामसागर ने आगे से राह छेककर कहा—तो मैं आपको प्रणाम करूँ, मामाजी! ठहरिए...

उसने लीलाधर के पैर छू लिए।

सधुमई ढंग से बँधी एक गठरी लटक रही थी उसके कन्धे से। रामसागर ने वह उतारकर बगल में दबा ली। बातें करते-करते दोनों जने सुखदेव के ठिकाने पर पहुँचे। घर तो रह नहीं गए थे, ठिकाना ही था सिर्फ! खूँटों के सहारे धोतियाँ और साड़ियाँ परदों का काम दे रही थीं; वरना परिवारों के दरमियान कहीं कोई आवरण नहीं था, सभी सबको देख रहे थे। हाँ, झुलसी हुई बदरंग भीतें यहाँ-वहाँ, जहाँ-तहाँ शील-संकोच का पारिवारिक कवच बनकर अब भी खड़ी थीं। कहीं-कहीं इन नंगी-कलूटी भीतों के सहारे कामचलाऊ छप्पर-छानी लटका ली गई थीं।

मुसीबत आडंबरों को चीर-फाड़ डालती है। झूठ-मूठ की लाज, फिजूल का गुमान, अनावश्यक भावुकता आदि तो उसके सामने टिक ही नहीं सकते।

मामी ने लीलाधर की आवाज सुनी तो झट से आड़ के बाहर निकल आईं। लीलाधर ने झुककर उनके पैर छुए तो डबडबाई आँखों से उसकी तरफ देखती रह गईं। गला भर आया था, होंठ रुलाई के आवेग में फड़क रहे थे।

दुखमोचन सवेरे ही सहायता के कामों में निकल गए थे। सुखदेव कुएँ के आगे 'कलकतिया' आम के झुलसे पेड़ों की पतली छाया में नित्य का अपना पूजा-पाठ कर रहे थे। दालान के सहन में चार-पाँच मजदूर बाँस के डंडे फैलाकर बड़ा-सा छप्पर तैयार कर रहे थे। रुखान, आरी, बसूला, टाँगी, खत्ता आदि औजार इधर-उधर बिखरे पड़े थे। कोड़ो, बाती, झाँजन, तड़ख, खूँटा, खम्भा, खँभेली, मोटी और पतली डोरियाँ...खढ़, खढ़ी, और सरकंडा, बाँस... यानी घर बनाने का सारा सामान मौजूद था। जयमाधव और परमेसर मजदूरों

से काम भी ले रहे थे, साथ ही खुद भी काम कर रहे थे।

अपर्णा दौड़कर गई, कुएँ से एक डोल पानी भर लाई। लोटा-भर पानी सामने आया तो मामी अपने ही हाथों से लीलाधर के पैर धोने बैठीं।

लीलाधर ने दो-एक दफा हलकी जबान से 'न-ना' किया, आखिर चुपचाप पैरों को निश्चेष्ट छोड़ दिया। वह अच्छी तरह जानता था कि मामी मानेंगी नहीं, अपने हाथों से जब तक वह इन पैरों को धो नहीं लेंगी तब तक उनको सन्तोष नहीं होगा।

पैरों को धोते समय मामी ने देखा, फटी-सूखी बिवाइयों ने तलवों को खुरदरा करके छोड़ दिया है...बे-तरतीब कटते रहने की वजह से नाखून अपनी सहज शक्ल-सूरत खो चुके हैं...सेवा और चिकनई के अभाव में चमड़ी कड़ी पड़ गई है, नसों में एक अनोखा तनाव आ गया है।

हाय, वे मुलायम और सुन्दर पाँव कहाँ गायब हो गए!...मामी की आँखें अपने लाड़ले देवर की दुर्दशा देखकर बार-बार सजल हो रही थीं।

पैरों को अच्छी तरह धोकर मामी ने आँचल से उन्हें पोंछ दिया और आँखें नीचे किये-किये ही अन्दर रसोईघर की तरफ चली गईं।

रामसागर वापस जा चुका था मगर सुखदेव की पूजा अभी बीच में ही थी। अपर्णा ने आकर नहाने के बारे में पूछा तो लीलाधर ने बतलाया कि गाड़ी से वह रात ही उतरा और सुबह-सुबह स्नान-ध्यान आदि से निबटकर स्टेशन से चला है।

थोड़ी देर बाद अपर्णा बुलाकर लीलाधर को अन्दर ले गई। चमचमाती थाली में चार पूड़ियाँ, हलुआ, तले हुए परवल और आम का अचार—एक फाँक। अलग कटोरे में दूध। पीढ़े पर बैठकर वह नाश्ता करने लगा तो बिजनी लेकर मामी हवा करने बैठीं।

नलीदार मूँठ के अन्दर से घूमती हुई बाँस की वह पंखी 'किर्र-किर्र', 'केंच-केंच' आवाज कर रही थी। हवा तो खूब आ रही थी, लेकिन कान गुदगुदा रहे थे। लीलाधर ने पंखी की तरफ कौतूहल की निगाहों से देखा।

मामी सहज स्वर में बोलीं—बड़ी बेहूदी है यह बिजनी, लखनौलीवाला डोम परसों ही तो दे गया है। मेरी अपनी बिजनी अग्नि-महाराज ने ले ली। तीन

वर्ष की वह मेरी बेहद प्यारी सहेली थी। छोटी बहू के भरोसे मैं उसकी तरफ से निश्चित रही, पीछे नहीं मिली तो बड़ा दुख हुआ। नान्ह बाबू, क्या बताऊँ कि उसकी आवाज कितनी मीठी थी!

थोड़ी देर बाद लीलाधर ने कहा—भाभी, अब मेरी जान-में-जान आई! भरोसा नहीं था कि तुम्हें सही-सलामत देख पाऊँगा इन आँखों से...

हथेली पर ठुड्डी टेककर मामी बोलीं—नहीं नान्ह बाबू, इतनी आसानी से मैं नहीं मरने की! यमराज के मुंशी ने अपने रजिस्टर से मेरा नाम काट दिया है शायद...

—यही सब मुझे तुम्हारे मुँह से सुनना था, भाभी? लीलाधर ने विषाद-भरे स्वर में कहा और हलुआवाले कटोरे से हाथ हटा लिया।

मामी हँसकर बोलीं—बुरा मान गए!...मगर हलुआ तो तुम्हें खाना ही होगा...दूध चाहे पीछे ले लेना...और...

लीलाधर ने हलुआ खाते-खाते कहा—चुप क्यों हो गईं, भाभी? गले तक आई बात मुँह से नहीं निकालोगी तो अगले जन्म में जीभ सुन्न हो जाएगी, समझीं?

—समझी!—तुनककर मामी ने कहा—जी, बाबाजी, महाराज!...यह तुमने अच्छी धज बना रखी है! देखा है कभी शीशे में अपना चेहरा? पिटारी लेकर घूमोगे तो चार पैसा जरूर कमा लोगे?....हुँ!

लीलाधर दूध छोड़कर उठ रहा था, लेकिन मामी ने अपनी कसम देकर दूध पी लेने को बाध्य कर दिया।

हाथ-मुँह धोकर सुखदेव के नजदीक आ बैठा। अपर्णा पान दे गई। पान चबाते-चबाते सुखदेव से बातें करता रहा। पंडित की पूजा खत्म हो चुकी थी।

पेड़ों की छाया में उधर चारपाई डाल दी गई, कम्बल और चादर अपर्णा बिछा गई उस पर। मामूली बातचीत के बाद सुखदेव ने कहा—अब आप आराम करें मामा जी, खाना खाकर मुझे बाजार जाना है...कई दिनों के थके हैं आप।

फिर उसने जयमाधव से कहा—धूप आ जाए तो चारपाई-समेत इन्हें उठाकर छाँव में कर देना, समझे?

इस पर सभी को हँसी आ गई। लीलाधर बोला—भगवान् जो न कराएँ!

—भगवान् नहीं, मामाजी!—सुखदेव ने चिढ़कर कहा—एक बुढ़िया की बेवकूफी से समूचा गाँव जलकर खाक हो गया।

—मैं होता तो बुढ़िया को उसी आग में डाल देता! ऐसी चुड़ैल को लोगों ने जिन्दा छोड़ दिया!

—अजी, वह तो पीछे पता लगा मामा! उस वक्त तो ऐसी चीख-पुकार और भाग-दौड़ मची थी कि कुछ न पूछिए। हवा भी उस शाम को इतनी तेज चल रही थी कि उनचासों पवन मात थे उसके आगे...

जोगेन्द्र ने इतने में आकर कहा कि खाना खाकर बाजार अभी चलना होगा। मामी नाराज हो रही हैं। सुखदेव भीत की आड़ में चले गए। लीलाधर की चेतना पर सचमुच थकावट छा रही थी, बदन का एक-एक जोड़ टूट रहा था। वह अब चारपाई पर लेट गया। कुछ ही क्षणों के बाद उसे नींद आ गई।

सुखदेव के सामने थाली में जो भात आया, उससे धुँआइन भाप उठ रही थी। झुलसे चावलों का बदरंग भात—नाक-भौंह सिकोड़कर पंडित ने उसमें दाल मिलाई। दाल से भी वैसी ही गंध उठ रही थी। तरकारी परवल की थी और ठीक थी। पाँच-सात कौर मुँह में डालकर उन्होंने मामी की तरफ देखा। मामी पंखी लेकर हवा कर रही थीं।

खाना समाप्त करते ही सुखदेव ने पूछा—मेहमान को भी यही खाना खिलाओगी?

—तो कहाँ से आएँगे बढ़िया चावल? अच्छे चावल बाजार से मँगवा लूँ?...मगर ये चावल भी तो फेंक नहीं दिये जाएँगे! अनाज तो अनाज ही ठहरा, ज़रा झुलस ही गया तो क्या हुआ?

—हमारे यह मामाजी पहली बार आए हैं, क्या कहेंगे मन-ही-मन?

—कहेंगे क्या! कुछ नहीं कहेंगे। मुसीबत की बात सुनकर ही तो मिलने आए हैं। आप नाहक इतना-कुछ नान्ह बाबू के लिए सोचते हैं, पंडितजी! परिवार में सबके लिए जो कुछ तैयार होगा, वह भी वही खाना खाएँगे। उनके लिए अलग से खाना तैयार होगा तो कल ही भाग खड़े होंगे। अभी नाश्ते में पूड़ियाँ थीं, हलुआ था। मेरे डर से नान्ह बाबू ने खा तो लिया, लेकिन आँखें फाड़-फाड़कर वह झुलसे चावलों के ढेर देखते रहे...

मामी उठकर रसोई में गईं और कटोरे में हलुआ ले आईं। बोलीं—आज बबुअन शायद ही लौटें, ज़रा-सा हलुआ उनके लिए भी रख दिया है। नहीं आएँगे तो जोगी खा लेगा...आप लोग बाजार से साँझ-सकारे ही लौट आना!

सुखदेव उठे। हाथ-मुँह धोकर पान ले लिया और बदन में कुरता डालकर बाजार के लिए निकले। हाथ में खाली डिब्बा था, बोतल और झोला लेकर जोगेन्द्र ताऊ के पीछे-पीछे था।

दुखमोचन रात को काफी देर से लौटे। अकेले नहीं, तीन आदमी और साथ थे—दो विधायक, एक सार्वजनिक कार्यकर्त्ता। विधायकों में एक थे शुभंकर बाबू, दूसरे थे चतुरी ठाकुर।

मामी ने उदास होकर पूछा—अब इत्ती रात को इन्हें क्या खिलाओगे?

—पिपरा बाजार से खाकर चले थे।—दुखमोचन ने कहा तो मामी के दिल को तसल्ली हुई। फिर भी बोलीं—शरबत तो पिएँगे। चीनी बाजार से आज ही मँगवाई है, सोंफ और पुदीना मैं चटपट पीस लेती हूँ। तुम ताजा पानी ले आओ।

—अच्छा!—दुखमोचन ने कहा—लाल धोतीवाला वह दढ़ियल कौन सो रहा है बाहर? यह कहाँ के सिद्धजी आ टपके, मामी?

अन्दर की खुशी को दबाकर मामी ने गम्भीर मुद्रा धारण कर ली। बोलीं—मैं क्या जानूँ! पंडितजी के हीत-मीत कोई मिलने आ गए होंगे!

तीनों अभ्यागत तख्तपोश पर बैठे रहे। अन्दर से लाकर दुखमोचन ने दरी-चादर बिछा दी। थोड़ी देर बाद शरबत ले आए, फिर पान आया।

नित्याबाबू का नौकर घूटर खबास इस बीच यह कह गया कि मालिक ने मेहमानों के लिए बिस्तरे लगवा दिये हैं। थोड़ी देर तक अग्निकांड से होनेवाली बरबादी और अगले नवनिर्माण की योजनाओं पर बातें होती रहीं। तय हुआ कि सुबह घूम-घूमकर समूचा गाँव देखा जाएगा। तीनों आगंतुकों की इच्छा थी कि दुखमोचन के दालान की अँगनई में सो जाएँगे। लेकिन दुखमोचन ने सोचा कि यहाँ इन्हें तकलीफ होगी। समझा-बुझाकर वह उन्हें नित्याबाबू के बैठकखाने में ले गए। वहाँ तीन पलँगों पर बाकायदा बिस्तर लगे हुए थे। तीनों लेट गए। चतुरी ठाकुर बड़े ही कर्मठ किसान-सेवी थे। वह देर तक दुखमोचन से बातें करते रहे। शुभंकर बाबू की नाक साँस के मुताबिक बजती रही।

सियारों ने नदी-किनारे लखनौली की ओर कहीं 'हुआँ-हुआँ' की टेर लगाई तो चतुरी ठाकुर ने आग्रहपूर्वक दुखमोचन को घर भेजा।

मामी बिना छप्पर के खुले बरामदे में अब तक करवटें बदल रही थीं। नींद के पंख लग गए थे; पास फटकती तक नहीं थी। वह बेहद उतावली थीं लीलाधर के बारे में बताने के लिए। मेहमानों की सेवा-टहल में व्यस्त रहने के कारण ही दुखमोचन दढ़ियल आगंतुक की तरफ ध्यान नहीं दे पाए। और मामी ने जब खुद ही कह दिया उसके बारे में कि 'मैं क्या जानूँ!' तो दुखमोचन उसकी तरफ से और भी निरपेक्ष हो गए, दोबारा जिक्र तक नहीं किया...मामी पछता रही थीं कि बबुअन ने पूछा तो लीलाधर के बारे में सीधे-सीधे बतला क्यों नहीं दिया! बातचीत की टेढ़ी-मेढ़ी शैली कभी-कभी कितनी महँगी पड़ जाती है!... रह-रहकर मामी यही सोच रही थीं।

बीच में दो दफे वह कुएँ के इर्द-गिर्द चक्कर लगा आईं। सुखदेव और लीलाधर दो चारपाइयों पर आस-पास सोए थे। यह चैत का शुक्ल-पक्ष था। नील-निर्मेघ आकाश में द्वादशी का चाँद बड़ा ही अच्छा लग रहा था। रात्रि-शेष का हल्का गुलाबी जाड़ा सूती चादर से ठगने के काबिल नहीं था। दूसरी बार लीलाधर को सिकुड़े देखा तो मामी आहिस्ता-से ट्रंक खोलकर अपना शाल निकाल लाईं और उसे ओढ़ा दिया। करवीर और हरसिंगार के झाड़ आग की प्रचंड लपटों में बुरी तरह झुलस गए थे, आँगन की श्रद्धा-रानी तुलसी तो और बुरी तरह झुलसी थीं। इनकी ठूँठ परछाइयों से आँखों को खरोंच-सी लगी तो मामी वापस आकर बिस्तर पर लम्बी हो गईं, पलकों को देर तक उँगलियों से दबाए रहीं।

दुखमोचन के पैरों की आहट पाते ही उठ बैठीं मामी।

वह आकर पास ही बैठे। उबासी लेकर कहा—आज बहुत थका हूँ, मामी। सोऊँगा तो एक ही नींद में सूरज दो बाँस ऊपर चढ़ जाएगा।

मामी ने चुटकी बजाकर सराहा—बड़े भागवंत हो बबुअन! यहाँ तो नींद निगोड़ी जाने कब से खार खाए बैठी है...अच्छा, एक नई खबर है तुम्हारे लिए...लीलाधर आए हैं।

—झूठ!

—इतनी रात को तुमसे मजाक करूँगी? जिस दाढ़ीवाले के बारे में तुमने तब पूछा था, वह लीलाधर ही तो हैं...अखबार के जरिये उन्हें गाँव जलने की बात मालूम हुई तो मेरी खोज-खबर लेने आए हैं...

—भाग तो नहीं जाएँगे फिर?

—अब तुम्हीं उन्हें सँभालना, बबुअन!

—नहीं, मामी!—दुखमोचन ने स्नेहसिक्त स्वर में कहा—मेरा नहीं, तुम्हारा ही मधुमय अंकुश लीलाधर को आदमी बना सकता है।

मामी की आँखें डबडबा आईं, स्वर में कंपन उभर आया—बबुअन, लीलाधर ने आज बहुत आँसू बहाए हैं...

दुखमोचन ने कहा—और तुमने भी!

—हाँ, बबुअन, मैंने भी!—उसी तरह तरल-विह्नल आवाज में वह बोलीं।

थोड़ी देर तक दोनों तरफ से साँसों को अपना माध्यम बनाकर मौन ही मुखर रहा, फिर दुखमोचन हाथ जोड़कर बोले—अब मैं लीलाधर मामा को भागने नहीं दूँगा...भागकर वह जाएँगे कहाँ!

दुखमोचन सोने के लिए बाहर निकल आए।

दालान के बिना छप्परवाले खुले बरामदे में एक तरफ चरवाहा सो रहा था, दूसरी तरफ चारपाई पर दुखमोचन का बिस्तर बिछा था।

बरबाद बस्ती का उलंग कंकाल चाँदनी में और भी बीभत्स, और भी भयानक लग रहा था। बिना भीत के जले घरों के नंग-धड़ंग खम्भे पुरानी नावों के बदरंग मस्तूलों की तरह चाँदनी के दूधिया समुद्र में इस वक्त बेशरमी से इतरा रहे थे।

बारह

पास-पड़ोस के देहातों ने बाँस-काठ-फूस-अनाज और श्रम-शक्ति द्वारा टमका-कोइली के दुर्दशाग्रस्त लोगों की खुलकर सहायता की। दो विधायक महोदय अग्निकांड से होनेवाली बरबादियाँ अपनी आँखों से देख गए थे। अलग-अलग पार्टी से सम्पर्कित रहने के कारण सहायता के लिए अखबारों में उनकी अपीलें अलग-अलग निकली थीं। जिलाधीश और अंचलाधिकारी अपील निकालने से पहले ही दो हजार और दो सौ रुपये मदद के तौर पर दुखमोचन के हवाले कर चुके थे। अब पिपरा बाजार, दरभंगा और सीतामढ़ी के व्यापारियों ने ढाई हजार नकद रकम, दो सौ मन अनाज, पन्द्रह थान कपड़ा, लोहे के दस सेर कील-काँटे आदि काफी सामग्री भेजी।

दुखमोचन ने पुनर्निर्माण के सिलसिले में सबसे पहला काम यह किया कि गाँव के दक्षिण, देवी-मन्दिर के नजदीक सहायता-शिविर के लिए आठ-दस झोंपड़ियाँ एक कतार में खड़ी करवाईं। सिमरौन, पुनई चक, लखनौली आदि गाँवों के साठ जवान बिना मजदूरी के ही काम पर डटे थे। सोलह-सोलह, अठारह-अठारह घंटे की दैनिक ड्यूटी थी। दो जून का खाना, तमाखू, सुपारी और बीड़ी... मनोरंजन के नाम पर हँसी-ठट्ठा, चुटकुले, कहानियाँ, आपबीती की दास्तान...

सनीचर और मंगलवार की रात को ढाई-तीन घंटे के लिए कीर्तन के नाम पर गाना-बजाना...हारमोनियम, मृदंग और मजीरा...फिर काम, काम और काम।

कपिल का काम कोषाध्यक्ष का था। माया खिलाने-पिलाने की ड्यूटी पर थी। मधुकान्त और वेणीमाधव घूम-घूमकर सहायता के लिए फेहरिस्त तैयार कर चुके थे। नित्याबाबू, त्रिजुगीनारायण चौधरी, रामरखराय और पुलकितदास-जैसे सम्पदावालों के नाम जान-बूझकर ही नहीं लिखे गए थे। गरीब किसानों और खेत-मजदूरों की तरफ ज्यादा ध्यान दिया गया था। मास्टर टेकनाथ और रामसागर-जैसे छोटी हैसियतवालों को सहायता-पात्रों की दूसरी श्रेणी में रखा गया था। तीसरी श्रेणी में उनके नाम थे जिनको मदद की आंशिक आवश्यकता थी। इनमें रमाकांत, रामकुमार और वेणीमाधव-जैसों के नाम थे। लोगों ने काफी जोर डाला कि इस कोटि में सुखदेव का भी नाम लिखा जाए, मगर दुखमोचन राजी नहीं हुए।

अपने परिवार को सहायता पहुँचाने के बारे में दुखमोचन ने इतना जरूर किया कि कामचलाऊ दालान और अन्दर हवेली के नाम पर दो मामूली घर अग्निकांड के बाद सप्ताह में तैयार करवा लिए। बाँस-लकड़ी-फूस आदि सारी सामग्री खुद की थी ही, श्रम पड़ोसी देहात के स्वयंसेवकों का था।

सुखदेव बेहद नाराज थे कि सहायता की सामग्री की रकम, जो दूसरे परिवारों को सहज प्राप्य थी, दुखमोचन ने क्यों नहीं ली। मामी लेकिन असलियत को ताड़ गई थीं। सुखदेव की नाराजगी समर्थन न पाकर उदासी में बदल चुकी थी। लीलाधर को समझा-बुझाकर ठीक कर लिया गया था कि अगले छह महीने वह अन्यत्र कहीं नहीं जाएँगे और जोगेन्द्र तथा अपर्णा को संस्कृत-हिन्दी-मैथिली पढ़ाएँगे।

दालान पर सवेरे अच्छा रंग जमता था। एक तरफ पंडित सुखदेव अपने शालिग्राम-नर्मदेश्वर-सहित पूजा-पाठ में जुटे होते और दूसरी तरफ रक्ताम्बरधारी सिद्ध लीलाधर काले कम्बल की आसनी पर वज्रासन लगाए और पीले रंग की रेशमी गोमुखी के अन्दर दाहिना हाथ डाले देवी उग्रतारा का बीज-मंत्र जपने में घंटों डटे रहते। लोग कहते—न गाँव में आग लगती, न हमें सिद्धजी का दर्शन होता।

किन्तु अब लीलाधर ने लम्बी दाढ़ी और बाल कटवा लिये थे। साधारण नेपाली वज्राचार्य की तरह लग रहे थे। दमकता हुला लाल चेहरा...कपार पर गाढ़े सिंदूर का अँगूठा जितना टीका...गले में तुलसी और मूँगे की माला...आकृति बड़ी ही भव्य लगती थी। मामी उन्हें बीच-बीच में झाँक जातीं।

रामनवमी के दो दिन बाकी थे। प्रसाद के लिए आटा पिसवाना था। मामी गेहूँ पछोर रही थीं। बाहर सुखदेव और लीलाधर मानो पूजा-प्रतियोगिता में आमने-सामने डटे थे।

माया ने मुसकाते-मुसकाते अन्दर हवेली में पैर रखा। मामी ने उसकी तरफ देख लिया। जवाबी मुस्कान से उनका चेहरा चमक उठा, फिर बोलीं—क्या बात है, माया? पके दाड़िम की तरह फूटी पड़ती हो, मगर बोलती नहीं हो कुछ भी!

माया खिलखिलाकर हँस पड़ी, क्षण-भर बाद कहा—बाहर दालान में दो ऋषि आमने-सामने बैठे हैं, कितना अच्छा लगता है मामी! उठो, ज़रा चलकर देखो मामी...

माया ने मामी का हाथ पकड़ लिया। हँसते-हँसते उन्होंने हाथ छुड़ा लिया, बोलीं—चल, हट! बता, किस काम से आई है?

भौहें नचाकर कृत्रिम क्रोध के स्वर में माया ने कहा—तो तुमने देख लिया होगा, मामी! हाँ, जरूर देखा होगा...

मामी मुसकाती रहीं और अपना काम करती रहीं।

कुछ रुककर माया ने कहा—तुम्हारे यहाँ दाल परोसने का बड़ा डब्बू होगा, भइया ने कहा था। सोचा, ले आऊँ...कलछी से नहीं परसाता है, मामी! जल्दी निकाल दो...

—सास से क्यों नहीं माँग लाई?

—होता तो ले आती, मामी!

—भारी कंजूस हैं तेरी ससुरालवाले, अच्छा-सा एक डब्बू खरीदकर रखेंगे सो नहीं होता...

—और चाहे जो कुछ हो मामी, कंजूस नहीं हैं वे लोग। दो सौ बाँस, दस पेड़ सीसम के और तून के चार पेड़ कटवाकर दूसरे किसने दिये हैं, बता

सकती हो? अभी और दे रहे थे, लेकिन दुखमोचन भैया ने खुद ही मना कर दिया। कहा कि फिर से बस्ती बनाने का यह जग्ग किसी एक के सरबस-दान से थोड़े सँभलेगा, इसमें सभी को अपनी-अपनी आहुति देने दो...दूसरों के लिए तभी से भइया ने शर्त लगा दी कि पचास बाँसों से अधिक की सहायता स्वीकार नहीं की जाएगी...

मामी के जी में आया कि मजाक-मखौल करें, कहें कि अपने मुँह ससुरालवालों की बिरुदावली बखान रही है, कलजुग की छोकरी कहकर ताना मारने की तबीयत हुई...लेकिन एकाएक मामी की बुद्धि ने पलटा खाया। विवेक ने कहा कि माया शेखी नहीं बघार रही है, संजीदा ढंग से सही बात कह रही है...पिछले दो हफ्तों से दुखमोचन और उनके साथियों के हाथ बँटा रही है। वेणीमाधव या कपिल से रत्ती-भर भी कम मेहनत नहीं की है इस लड़की ने...

मामी के हाथ रुक गए। गेहूँवाला सूप एक तरफ रख दिया। हाथ झाड़ती-पोंछती उठ खड़ी हुईं।

माया के कन्धे पर हाथ रखकर कहा—हाय! अपने बालों का क्या हाल कर रखा है पगली ने! बैठ, चटपट मैं तेरे बाल सँवार देती हूँ।

माया खिलखिला पड़ी, निषेध की मुद्रा में हाथ हिलाकर बोली—ना मामी, अभी दम मारने की भी फुरसत नहीं है। यह सब खटराग रहने दो अभी। चलो, डब्बू निकाल दो सन्दूक में से...

—हे भगवान्, कैसा उतावलापन है!

—भगवान् नहीं, डब्बू! डब्बू चाहिए मामी, दाल परोसने के लिए... समझीं!

—हाँ समझी, सब समझी—हाथ से कपार पीटकर मामी ने कहा और पीतल का डब्बू निकाल लाईं।

अगले ही पल डब्बू लेकर माया सहायता-शिविर में वापस आ गई। सुग्गी बूआ, रामसागर की स्त्री और मधुकान्त की माँ रसोई के मोरचे पर डटी थीं। दूकान से माया जीरा और लाल मिर्च लेती आई थी।

माया की आवाज सुनाई पड़ी तो कपिल ने उसे बुलाया। पास आई तो

पूछा—रास्ते में कहीं दुखमोचन भइया तो नहीं मिले?

—नहीं तो! आए थे क्या?

—अभी-अभी गए हैं, स्वयंसेवकों के खाना खाते वक्त आज वह मौजूद रहेंगे, माया!

—यह तो मैं चाहती ही थी...कोई नई बात?

—नई बात?...

कपिल को हँसी आ गई। हँसते-हँसते कहा—अब नित्याबाबू भी बिना मजदूरी के ही मकानों की तैयारी के सपने देखने लगे हैं, माया!

—घोर स्वार्थी है बुड्ढा!—माया बोली। नाक और भौंहें सिकुड़ गईं। एक क्षण के बाद कहा—एक भी स्वयंसेवक उसके यहाँ काम करने गया तो कैम्प छोड़कर चली जाऊँगी मैं! तुम दुखमोचन भइया से साफ-साफ बतला देना।

—हाँ, नित्याबाबू की बुढ़भस का कोई कहाँ तक साथ दे?

—तुम इसे बुढ़भस कहते हो? अरे, यह तो साफ बदनीयत है भाई!

—नित्याबाबू दुनिया-भर को धोखे में डाल सकते हैं, मगर हमारे दुखमोचन भइया पर उनका जाल-फरेब नहीं चलेगा, माया!

—यह तो मैं खूब अच्छी तरह समझ रही हूँ, कपिल!

सुग्गी बूआ ने रसोईवाली झोंपड़ी से पुकारा तो माया उधर चली गई।

कहावत है, जले गाँव पर सूरज भी जलता है। दोपहरी अभी हुई नहीं थी, लेकिन धूप कई गुना तेज लग रही थी। हवा चलने पर राख-मिली धूल की होली इन दिनों यहाँ कंकाल का शृंगार-जैसी लगती थी। उसके लिए लोगों के मुँह से गालियाँ ही निकलतीं!

कुछ देर बाद रक्षा-समितिवाले जवान और स्वयंसेवक खाना खाने आए। पुरइन के पत्ते पर मोटे चावल का भात, खेसारी की दाल, आलू का भुरता, इमली की चटनी...तीस-तीस की दो कतारों में बैठकर उन्होंने खाना खाया, डकार लेते हुए पत्तलें समेट लीं और उठ गए।

दुखमोचन ने अपने हाथों से एक-एक सुपारी का टुकड़ा सबको दिया और हुलसी आँखों से एक-एक नज़र देख भी लिया।

देवी मन्दिर से दक्षिण पोखर था। पोखर के दक्षिणी मुहार पर कलमी

आमों का घना बाग था। बाग के किनारे-किनारे ऊँचे बाड़े थे, जिन पर तरुण सीसम की चौकोर पाँतें लहरा रही थीं। लगता था कि नीलिमा के चारों तरफ हरियाली पाढ़ बनकर जमी हुई है।

यह पोखर और बाग नित्याबाबू की जायदाद थे। सहसौला बाजारवाली कच्ची सड़क इस पोखर और बाग को छूती हुई दक्षिण की ओर निकल गई थी। गरमियों के छायार्थी पथिक बाग के अन्दर घड़ी-आधी घड़ी सुस्ता लेते थे।

खाना खाकर घंटा-आधा घंटा स्वयंसेवकों का भी आराम कर लेने का दस्तूर था, आज भी वही हुआ।

दुखमोचन थोड़ी देर सुग्गी बूआ, माया और कपिल आदि से बातें करते रहे। फिर खाना खाने के लिए घर आ गए। आजकल गाँव का नक्शा, स्केल और जरीब हमेशा साथ रहते थे। मामी ने देखते ही कहा—बबुअन, तुम तो अमीन हो गए! आठों पहर नक्शा-जरीब ढोने की क्या जरूरत आ पड़ी है, समझ नहीं पाती हूँ मैं!...

सामने खाना आ चुका था। भूख कड़ाके की लगी थी। जल्दी-जल्दी चार-छह कौर भात खाकर दुखमोचन ने कहा—दिन भर मेरे साथ कभी घूम आओ तो सारी बात समझ में आ जाएगी, मामी।...

—लीलाधर मामा खा चुके थे?...आज उन्हें साथ ले जाऊँगा...अब वही तुम्हें नक्शा और जरीब का महातम बतलाएँगे आकर!...

दुखमोचन इतमीनान से खाना खाते रहे और मामी पास बैठकर पंखी झलती रहीं। चुप थीं कि बबुअन को भी बोलना पड़ेगा और खाना खाने में देर होगी, तो पीछे कहीं नाराज न हो जाएँ...

सामने आकर वही काला कुत्ता बैठ गया, करिया। गरदन से नीचे आधी पीठ पर उसके बाल झुलस गए थे।

खाना करीब-करीब खत्म हो चुका था। मामी दही ले आईं, ऊपर से मुट्ठी-भर भात और। दुखमोचन की नजर बार-बार कुत्ते की तरफ जा रही थी। मामी ने कहा—रोज कपूर और रेंडी का तेल इसकी पीठ पर मलती हूँ, मगर बाल जम नहीं रहे हैं, बबुअन! आग लगने के तीन दिन बाद राख की ढेरी पर

कलमुँहा पीठ खुजलाने गया था...अन्दर आग थी, बाल झुलस गए।

डकार लेते हुए दुखमोचन ने पूछा—किसने बतलाया?

—चरवाहे ने।

—मुझे तो कुछ और ही शक होता है...आवारा छोकरों ने आगवाली गर्म राख की ढेरी पर बेचारे को पटक दिया होगा...लेकिन तुम घबराओ नहीं, चार-छह महीने में बाल उग आएँगे।

आँचल फैलाकर मामी ने ऊपर सूरज की ओर देखा और प्रार्थना के विगलित स्वर में बोलीं—दुहाई दीनानाथ दिनकर की! करिया की पीठ पर बाल जरूर उगा देना दयानिधान! छठ की अरघ के अवसर पर प्रतिवर्ष मैं आपको इस कुत्ते की तरफ से पकवानों की एक डोली नवेद चढ़ाऊँगी, हे सूर्य भगवान्!

दुखमोचन को हँसी तो आई, लेकिन उसे उन्होंने होंठों के अन्दर ही घोट लिया। कुत्ते के प्रति करुणा के जो भाव मामी के हृदय में हिलोरें ले रहे थे, उनका खयाल आते ही दुखमोचन के चेहरे पर संजीदगी छा गई। दिल ने कहा—अपनी इस अनोखी मामी पर तुझे अपना सर्वस्व निछावर कर देना चाहिए, दुखमोचन!

खाना खा ही चुके थे। उठकर हाथ-मुँह धो आए। अपर्णा ने पान लगाकर दिया। जाते-जाते सचमुच ही लीलाधर को साथ लेते गए, तो यह मामी को अच्छा ही लगा।

पिछले दो दिनों से दुसाधों और जुलाहों के पुरवे तैयार हो रहे थे। दस-दस स्वयंसेवकों के छह जत्थे अलग-अलग काम कर रहे थे। दो जत्थे ब्राह्मणों और कायस्थों के घर तैयार कर रहे थे, बाकी चार जत्थे गरीब किसानों—खेत मजदूरोंवाली बहुसंख्यक जनता के मुहल्लों में मुस्तैद थे।

पहले बस्ती का कोई क्रम नहीं था। घर-पर-घर, मकान-पर-मकान। न रास्ते का ठिकाना, न नाली-मोरी का निकास। एक का दालान, दूसरे का पिछवाड़ा, तीसरे का बथान, चौथे का बाड़ा...सभी आमने-सामने हुआ करते थे। जिसको जैसा सुभीता नजर आया, अपनी छप्पर-छानी डालता गया और ओलती-पलानी फैलाता गया।

दुखमोचन कई रोज तक सोचते रहे। सामने बस्ती का पुराना और बेडौल

नक्शा था। बाढ़ का पानी हटने पर कछारों में चिकनी या बालूवाली पाँक की जो परतें फैली रह जाती हैं, लकीरों के ऐसे ही कुछ बेतरतीब नक्शे उन पर भी उभर आते हैं...लेकिन सदियों पुरानी अपनी निवास-भूमि के नक्शे में फेर-फार गाँव का भला कौन बाशिंदा कबूल करेगा? दूसरों को तो छोड़ दीजिए, खुद अपने भाई सुखदेव पंडित की नब्ज डूबने लगेगी...नई बस्ती का नया ढाँचा नई जमीन पर ही तैयार होगा। यहाँ नवनिर्माण नहीं, पुनर्निर्माण करना है। पुराने नक्शे में मामूली हेर-फेर ही सम्भव होगा...

फिर भी निकास के रास्ते, गलियों और मोरियों के बारे में दुखमोचन बराबर मुस्तैद रहे। बहुत सारी जगहों पर लोगों ने रास्ते की जमीन हड़प ली थी और अब अपनी नकली सीमा पर अड़ जाते थे। ऐसे लोगों को कदम-कदम पर नक्शा फैलाकर और जरीब से जमीन नाप-नापकर समझाना पड़ता था।

हरखू धान की फसल के दिनों में दो महीने के लिए घर आया था; माघ की पूरनमासी के अगले रोज ही फारबिसगंज लौट गया था। छोटे-छोटे दो घर थे, बकरी और बाछी के लिए अलग एक पलानी थी। कायदे के मुताबिक फिलहाल एक घर तैयार कर देना था। दोपहर के बाद लौटने पर एक जत्था हरखू की माँ से बताकर कामों में भिड़ गया।

लीलाधर को साथ लिए हुए दुखमोचन आए। पीछे-पीछे मास्टर टेकनाथ भी आ पहुँचा।

दुखमोचन ने नक्शा फैलाकर और जरीब से जमीन नापकर देखा। रास्ता ठीक अपनी जगह पर निकल आया। खुशी से चेहरा खिल उठा।

मैली साड़ी का जो हिस्सा माथे को ढके हुए था, उसे नीचे नाक तक खींचकर हरखू की घरवाली आगे बढ़ आई, झुलसे धुआँखे कुठले की ओट लेकर खड़ी हो गई। पास ही दस-ग्यारह साल की साँवली लड़की थी। लड़की के ही माध्यम से फुसफुसाकर बोली—हमारी ही भूल-चूक से आग भड़की और समूचा गाँव जलकर खाक हो गया मालिक! हम तो मुँह दिखाने लायक नहीं रहे, हुजूर!...

आगे एक शब्द भी नहीं निकला, लेकिन आड़ रहने पर भी सुननेवाला समझ गया कि कहनेवाली की आँखें डबडबा आई हैं और होंठ परिताप का

आवेग पचा नहीं पा रहे हैं, बुरी तरह फड़क रहे हैं...क्षण-भर के लिए दुखमोचन स्तम्भित रह गए। बातचीत की सुविधा के लिए उन्होंने छोकरी से नाम पूछा तो शरमाकर वह बोली—टुनिया।

दुखमोचन बोले—सुनती हो टुनिया की अम्मा, इस गाँव में आग यह पहली ही बार नहीं लगी थी। कुछ कसूर था मौसम का, कुछ पछिया हवा का, कुछ फूस का, कुछ तुम्हारा और कुछ हमारा...इसमें किसी एक का कसूर नहीं था, टुनिया की अम्मा! होनी थी सो होकर रही, अब नाहक पछता रही हो!...हरखू ने इधर रुपये-उपए कुछ भेजे हैं कि नहीं?

टुनिया की माँ का सिर 'हाँ' की मुद्रा में हिला, तो दुखमोचन कहने लगे—अभी तो हर परिवार के लिए एक-एक घर ही तैयार करवा रहे हैं। सभी को जल्दी थी, बाल-बच्चे खुले आसमान के नीचे आखिर कब तक धूप-ओस झेलते रहते? पीछे और भी मदद मिलेगी, टुनिया की अम्मा! दवा-दारू की जरूरत आ पड़े तो टुनिया को मेरे पास भेजना...

हरखू की औरत बीच में माथा हिलाती रही।

लीलाधर स्वयंसेवकों के लिए सुरती तैयार कर रहे थे। मास्टर टेकनाथ गड़े हुए खम्भों के सिरे पर डोरी तानकर उसके समानांतर की जाँच कर रहा था। दुखमोचन की बात खत्म हुई, तो टप्-से बोला—बुढ़िया नहीं दिखाई पड़ी... आग लगाकर जमालो दूर खड़ी!

सभी हँसने लगे, लेकिन दुखमोचन का चेहरा गम्भीर रहा। हँसी का फव्वारा थमा, तो उन्होंने टेकनाथ की तरफ हाथ बढ़ाकर कहा—जीभ को काबू में रखना सीखो, मास्टर!

सभी चुप थे। मास्टर की निगाहें नीचे की ओर थीं।

थोड़ी देर बाद वह आहिस्ता-से बोला—नित्याबाबू ने तुम्हें आज शाम को बुलाया है, दुखमोचन!

—फुरसत मिली तो जाऊँगा—आरी चलाते हुए दुखमोचन ने कहा। ठट्टर खड़ी की जा चुकी थी, वह उसमें एक खिड़की निकाल रहे थे। इस्पात की बनी हुई छोटी-सी वह आरी, बाँस की बातियों से तैयार की गई ठट्टर को सर्र-सर्र काटती जा रही थी।

लीलाधर लोगों को नर्मदा-किनारे के अपने तजुरबे सुना रहे थे। दुखमोचन ने कहा—मामा, आप तो बहुत घूमे-फिरे हैं, पढ़े-लिखे भी काफी हैं! हमारे बहादुरों को रोज इसी तरह कुछ-कुछ सुनाया कीजिए।

—हाँ मामा, मैं भी सुना करूँगा, टेकनाथ ने बरेरी छीलते हुए कहा।

इस प्रकार हथरस और बतरस दोनों का योग पाकर शाम तक हरखू का एक घर खड़ा हो गया।

तेरह

फसल इस बार रबी की अच्छी हुई थी और आम भी खूब फरे थे। गाँव के अन्दर आमों के जितने भी पेड़ थे, टिकोलों के साथ-साथ उनके पत्ते और टहनियाँ तक झुलस गई थीं। लेकिन अमराइयाँ और कलम-बाग गाँव के बाहर थे। उन तक आँच नहीं पहुँच पाई, वे बच गए थे।

मध्यवर्ग और ऊपरी तबके के परिवारों के लिए आमों की फसल कोई मामूली फसल नहीं हुआ करती। खूब फरे हों और आँधी-पानी से बरबाद न हो गए हों तो आमों का दो-ढाई महीने का यह मौसम साल-भर की तन्दुरुस्ती बना लेने का अचूक अरसा होता है।

जेठ की पूर्णिमा के पाँच-सात रोज बाकी थे। बम्बइया और रोहिणियाँ आम पकने-टपकने लगे थे। लगता था कि समूचा गाँव बागों और अमराइयों में आ डटा है...गीत, खिलखिलाहट, ठहाके, शोर-पुकार, बातचीत, बन्दरों को खदेड़ने की ललकारें और बीच-बीच में हवा की हलकी सिहकी से पके आमों का टपकना...और इन विलक्षण ध्वनियों की पृष्ठभूमि के तौर पर झींगुरों की झंकार—अविराम और एकरस।

दुखमोचन की यह अमराई नई नहीं थी, खानदान की पुरानी अमराई थी। मोटे-पतले पचास-साठ पेड़ थे। किनारे-किनारे जामुन और महुआ की कतार थी। इर्द-गिर्द वेणीमाधव, मधुकान्त, राजकुमार आदि की अमराइयाँ थीं। ज़रा हटकर नित्याबाबू और चौधरी लोगों के अमराइयों के टोक थे।

सुखदेव ने वैशाख के आरम्भ में ही मचान खड़ा कर लिया था। कभी खुद, कभी लीलाधर और कभी जोगेन्द्र के साथ अपर्णा अमराई अगोरते थे। दुखमोचन को इन कामों के लिए कतई फुरसत नहीं थी।

दिन का खाना दस बजे के करीब ही खाकर आज लीलाधर अमराई के अन्दर आए और टपके हुए तीनों आम जाबी में लेकर जोगी वापस गया। लीलाधर पढ़ने को पुराने अखबार और मैथिली का एक गल्पसंग्रह साथ लाए थे। सात-आठ वर्षों का लम्बा प्रवासी जीवन बिताकर लौटे थे, अब मिथिला की अपनी यह भूमि बेहद प्यारी लग रही थी। यह देस-कोस, यह माटी-पानी, पहली वर्षा के बाद धानों के ये अंकुर, आमों से लदी ये अमराइयाँ, घौदों में लटके पकने को आतुर जामुन, गुलाबी फल-भार से विनम्र लीची की तुनुक टहनियाँ, श्याम-सलिल पोखर, ग्रीष्म की संजीदा और बरसात की बेहूदी नदियाँ नेह-छोह की सजीव छड़ी-सी भाभी...अमराई की घनी छाँह...

बाहर की कड़ी धूप थी, मगर अमराई के अन्दर तो मानो समूचे संसार की ठंडक सिमट गई थी।

लीलाधर मचान पर लेटे-लेटे देर तक त्रिकाल-विवेचन करते रहे। बीच-बीच में भाभी आकर अन्तश्चक्षु के सामने खड़ी हो जाती थीं।

काफी देर बाद उन्हें करवट बदल लेने की आवश्यकता महसूस हुई तो बदन के साथ-साथ विचार ने भी पासा पलटा। अपने और भाभी के बारे में लीलाधर ने नये सिरे से सोचना शुरू किया। संकल्पों का उदय हुआ तो विकल्प अब डूबने लगे। कुछ देर बाद वह उठ बैठे और जप की अव्यक्त उच्चारणवाली शैली में अपने-आप कहने लगे—भाभी, भविष्य में कभी मैं तुम्हारे आदेशों की अवहेलना नहीं करूँगा। छोड़कर कभी भागूँगा नहीं, आजीवन साथ निभाऊँगा... कि, कहीं आम टपका!

लीलाधर ने इसे अपनी इष्टदेवता भगवती उग्रतारा की तरफ से अनुकूल

संकेत समझा। दोनों हाथ जोड़कर माथा झुका लिया और तीन बार देवी को प्रणाम किया। फिर मचान से उतरकर टपके हुए आम की टोह में टहलने लगे।

मोटी जड़ोंवाले एक भारी पेड़ की ओट में नन्ही घासों पर लाल मुँहवाला वह पीला आम पड़ा था। नजर पड़ी तो प्रसन्न होकर लीलाधर उधर लपके। उठाने को झुके ही थे कि ऊँची आवाज कानों से टकराई—मैं देख रहा हूँ, मामा! अजी, इसे मेरे लिए छोड़ दिया होता...

अचकचाकर लीलाधर ने सिर उठाया। देखा तो दुखमोचन अमराई की सीमा के अन्दर आ चुके थे।

—आओ! आओ! आओ!—लीलाधर हुलसकर बोले और आमवाला हाथ आगे बढ़ा दिया—इस पर तुम्हारा ही हक है, बबुअन! छोटे हो न तुम!

सामने बढ़ आए हाथ तक अपनी गरदन लम्बी करके दुखमोचन ने आम को सूँघ-भर लिया, हाथ में लेने की कोशिश नहीं की। कई बार सूँघा। तृप्ति से चेहरा चमकने लगा। थोड़ी देर बाद कहा—कैसे यह भूमि छोड़कर इतने वर्षों तक आप बाहर रहे, मामा?

—बुरे ग्रहों के फेर में पड़कर। —लीलाधर धीरे-से बोले।

—अपना कसूर नहीं था?

—हाँ, बुद्धि भ्रष्ट हो गई थी।

—नहीं, चेतना की चाँदनी पर संशय का कुहरा छा गया था...अच्छा एक काम में लगाना चाहता हूँ आपको, मामा...मामी की भी राय है... कन्या-पाठशाला बड़ी बुरी हालत में है, उसकी आवश्यकता का भार आपको सँभालना होगा।

लीलाधर का माथा भारी हो उठा। उन्होंने कातर नेत्रों से दुखमोचन की तरफ देखा। गम्भीर हो कहा—आज तक जीवन में कहीं कोई जिम्मेदारी मैंने नहीं उठाई। हमेशा भागता रहा हूँ, कन्धे डालता रहा हूँ हमेशा! अब यह तुम हो कि अपनी क्षमता के प्रति खोई हुई आस्था मेरे अन्दर फिर वापस लौट आई है...

गला भर आया, आगे एक अक्षर भी मुँह से नहीं निकला।

दुखमोचन ने देखा, लीलाधर की आँखें सजल हो आई हैं। उनके कन्धे

पर अपनी हथेली के आश्वासन का स्निग्ध स्पर्श देते-देते वह बोले—डाकखाने में मामी के ढाई हजार रुपये जमा हैं, उन्होंने निश्चय किया है कि दो हजार कन्या-पाठशाला को दे देंगी। माया ने महज दस रुपये मासिक वेतन पर पाँच वर्ष तक अध्यापिका बने रहने का व्रत लिया है। मकान नये सिरे से हमने बनवा ही दिया है। आप-जैसा सुघर-समझदार और अनुभवी आदमी संस्था का अधिष्ठाता होगा तो न रकम का टोटा पड़ेगा, न कार्यकर्ताओं की कमी होगी... बस, यह भार आपको उठाना ही है, मामा!

दुखमोचन ने उलटे बड़े भाई की गरिमा के अन्दाज में लीलाधर की पीठ थपथपाई और चुमकारा।

लीलाधर ने अँगोछे से नाक-आँख पोंछी और खँखारकर गला साफ किया, फिर पूछा—थोड़ी देर बैठोगे नहीं, बबुअन?

—नहीं मामा, अभी नहीं बैठूँगा। घर जाकर खा-भर लेना है। फिर कामों में जुट जाना है। अगले पाँच-सात रोज़ यही हाल रहेगा। कई गाँवों की खाक छानकर आ रहा हूँ, मामा!

दुखमोचन मुस्कराए तो नाक की नोक पर तिल का निशान निखर उठा। मुस्कराते-मुस्कराते जाने लगे तो लीलाधर ने आम थमाते हुए कहा—टुनू को देना, परिवार में सबसे छोटी उम्र उसी की है न!

खाना खाकर दुखमोचन फौरन निकले।

वेणीमाधव का दालान तैयार हो चुका था। वहीं दोपहर के बाद गाँववालों की जुटान थी। अग्निकांड के बाद सहायता के कामों का और जमा-खर्च आदि का लेखा-जोखा लोगों के सामने रखना था। रजिस्टर, छोटी कॉपियाँ और मामूली कागज-पत्तर लेकर कपिल पहले ही पहुँच गया था।

दुखमोचन आए तो कपिल ने रजिस्टर खोला।

कोई भी ऐसा टोला-मुहल्ला नहीं था जिसका प्रतिनिधि गैरहाजिर हो। जातियों, वर्गों और प्रमुख परिवारों का भी प्रतिनिधित्व मौजूद था। कुछ-एक दिन पहले जमकर बारिश हुई थी। खेत जाग गए थे। बहुसंख्यक किसान और खेत-मजदूर मीटिंग में नहीं आ सकते थे। दुखमोचन पर उनकी अपार आस्था थी, मीटिंग के परिणामों की तरफ से इसलिए वे बेफिकर थे।

वेणीमाधव के हाथ में छोटा सरौता था। वह बारीकी से सुपारी कतर रहा था। नीचे दरी पर पड़े बटुए की नफासत लोगों का ध्यान रह-रह अपनी तरफ खींच लेती थी।

वेणीमाधव की हथेली पर से सुपारी का चुटकी-भर कतरा उठाकर दुखमोचन ने मुँह के हवाले किया और निगाहें घुमाकर जन-समुदाय के रुख का अन्दाज लिया। वही रहीम, वही लतीफ, वही बौधू चाचा। वही राजकुमार और रमाकांत, वही परमेसर और सनीचर और गोनौड़—मधुकान्त, रामसागर, टेकनाथ, जयमाधव वगैरह नजदीक ही बैठे थे—और तब, एक बार दुखमोचन की दृष्टि नये सिरे से आबाद हो रही बस्ती के अधूरे ढाँचों की क्षणिक परिक्रमा कर आई।

बैठे-बैठे ही वह कहने लगे—भाइयो, घर तैयार करने की बहुत सारी सामग्री के अलावा साढ़े-सात हजार की नकद रकम अब तक हमें सहायता के तौर पर मिल चुकी है। हर परिवार के लिए एक-एक घर जैसे-तैसे तैयार कर दिया गया। बीज के दाने बुरी तरह झुलस गए थे। हमने तीन हजार की रकम लगाकर दो सौ मन बीज के धान खरीद लिए हैं। सौ मन बीज खरीफ और रबी की फसलों का अभी लेना है, पन्द्रह सौ के लगभग इसमें भी लग जाएँगे। पाँच हजार रुपये पुनर्वास-विभाग की ओर से मिलनेवाले हैं। आठ हजार की यह रकम घर को खपरैल का बनाने में खर्च हो, मैं तो यही चाहता हूँ...आपकी क्या राय है?

थोड़ी देर तक चुप्पी छाई रही, फिर फुसफुसाहट के मिले-जुले दबे स्वर उठने लगे।

दुखमोचन ने टेकनाथ की तरफ देखकर कहा—मास्टर, तुम्हारी क्या राय है?

—खपड़ों की तैयारी में भारी झंझट होगी—टेकनाथ सुरती थूककर बोला—बरसात सिर पर है, अभी तो होगा नहीं। होगा आसिन-कार्तिक के बाद...पास-पड़ोस के गाँव से बीसों कुम्हार बुलाने होंगे, हजारों मन बढ़िया मिट्टी चाहिए, फिर खपरा और नरिया के पचासों आवा लगाओ, सैकड़ों मन कंडे और सूखी लकड़ियाँ जुटाओ...भारी झमेला है, दुखमोचन!

टेकनाथ की यह दलील सुनकर दुखमोचन भभाकर हँस पड़े। कहा—अपने-आप में हमारी यह जिन्दगी ही क्या कोई मामूली झमेला है, मास्टर? झमेले

की भी तो तुमने खूब कही! कैसा भी झंझट क्यों न हो, हर परिवार के पास एक-एक घर खपरैल से छवाया हुआ मौजूद रहेगा तो आग लगने पर इस तरह का लंका-कांड फिर कभी नहीं होगा। घरों का फूस से अच्छी तरह छवाना ही क्या कुछ कम खरचीला पड़ता है?

—तो खपरैल ही क्यों? छतें पक्की कर दो न सबकी!

—वह भी होगा, मास्टर! आ रहा है जमाना—फिलहाल इतना तो हो लेने दो!

टेकनाथ तिनके से दाँतों के खोडर खोदने लगा और जनता की जीभों को हिलने का अवसर मिला। आपस में ही बातें होने लगीं। बौधू चाचा ने लतीफ से पूछा कि खपरैल होने पर फूसवाली छप्परों का क्या होगा तो आसपास कई लोग जोर से हँस पड़े। सनीचर बोला कि कई खेतिहरों को हल बनाने की लकड़ी अब तक नहीं मिली। सहायता-कार्यों के प्रमुख व्यवस्थापक की हैसियत से दुखमोचन ने इस भूल के लिए लोगों से क्षमा माँगी और वचनबद्ध हुए कि चार रोज के अन्दर ही उन खेतिहरों को बने-बनाए हल मिल जाएँगे।

इसके बाद कपिल कुछ देर तक ब्योरेवार लेखा-जोखा सुनाता रहा और दस-बीस आदमी कान लगाकर सुनते रहे। बाकी लोग दो-दो, तीन-तीन या चार-छ: की अलग-अलग संगतों में बँटकर घर-गिरस्ती की बातों में लग गए। फिर आहिस्ता-आहिस्ता उठ-उठकर वे जाने भी लगे।

दुखमोचन ढाई-तीन घंटे तक वेणीमाधव के दालान पर जमे रहे। जयमाधव ने बीच में तकिया ला दिया था। वेणीमाधव की पत्नी ने पान के बीड़े लगाकर भेजे थे।

कपिल कागज-पत्तर सँभालकर जा चुका था। दुखमोचन ने देखा मास्टर टेकनाथ हटने का नाम नहीं ले रहा है और चेहरा भी काफी उदास है बेचारे का।

नरमी से पूछा—क्या बात है, मास्टर? एकाएक यह उदासी क्यों छा गई चेहरे पर?

—क्या बताऊँ, दुखमोचन!—रुक-रुककर टेकनाथ बोला—कल शाम को मेरी घरवाली का पड़ोसिन से किसी बात पर झगड़ा हुआ...

—अजी, यह सब तो चलता ही रहता है!—वेणीमाधव बीच में ही टपक पड़ा—घरवाली की बातें घर तक ही रहने दो, मास्टर!

दुखमोचन ने वेणीमाधव को डाँटा—पूरा कहने भी तो दो!...हाँ मास्टर, फिर क्या हुआ?

—रात का खाना बच गया। चलो, अच्छा हुआ!—वेणीमाधव से नहीं रहा गया। वह हास-परिहास के मूड में था।

टेकनाथ का चेहरा और भी फीका पड़ गया। दुखमोचन को वेणीमाधव की बचकानी रुझान पर अन्दर-ही-अन्दर भारी क्षोभ हुआ। भौहें तन गईं और आँखों के कोए फैल गए।

दुखमोचन की क्षुब्ध मुखमुद्रा ने वेणीमाधव को अपनी भूल फौरन महसूस करा दी, आगे वह गम्भीर हो गया।

टेकनाथ ने नजर घुमाकर इधर-उधर देखा और कहने लगा—पड़ोसियों और पड़ोसिनों में आपस के अदना झगड़े तो आए-दिन होते ही रहते हैं, मगर कल का मामला कुछ और था, दुखमोचन!...पड़ोसिन ने मेरी घरवाली से कहा, तेरा घरवाला बैल को भूनकर खा गया और डकार तक नहीं ली...देखती हूँ, अब कौन तुम लोगों का छुआ पानी पीता है...आखिर में 'कसाई की राँड' कहकर पड़ोसिन ने तीन बार थूक दिया। दुखमोचन, सचमुच रात का खाना वैसे ही पड़ा रहा। न मन्नो की अम्मा से खाया गया न मुझसे खाया गया...

टेकनाथ चुप हुआ तो लम्बी उसाँस छूटी।

थोड़ी देर तक सभी मौन थे, दालान के बाहर जेठ की ढलती धूप अब भी तेज थी, लेकिन पुरवैया ने उसकी प्रखरता को पूरी तरह पछाड़ दिया था।

दुखमोचन की आत्मा बराबर यही कहती रहती थी कि बैल जब अपने-आप झुलसकर ढेर हो गया तो इसमें टेकनाथ का क्या कसूर था! लेकिन सामाजिक समाधान के लिए यह आवश्यक था कि समूचा गाँव टेकनाथ को निर्दोष मान ले। बेहद व्यस्त रहने के कारण दुखमोचन बैल के जल मरने की इस बात पर तत्काल उचित ध्यान नहीं दे सके थे। उधर टेकनाथ दुखमोचन से अपने निर्दोष होने का आश्वासन पा ही चुका था, बेफिक्र होकर घर-गिरस्ती के कामों में लगा रहा। लेकिन पास-पड़ोस के लोगों में इस मामले को लेकर खुसर-फुसर चलती रही...सीधे सामने तो पहले किसी ने कुछ कहा नहीं, पड़ोसिन के माध्यम से कल शाम को यह पहला ही विस्फोट हुआ था।

दालान की झुलसी दीवार पर हाल में चिकनी मिट्टी की पोची पड़ी थी। लेखा-जोखा के बाद दुखन सिर के नीचे तकिया लगाकर लेट गए थे, किन्तु अब उठकर बैठे रहे। पीठ दीवार से टिकी हुई थी।

काफी देर तक गम्भीरता मौन से लिपटी रही।

फिर एकाएक दुखमोचन दीवार का सहारा छोड़कर सीधी मुद्रा में बैठे और टेकनाथ की तरफ देखकर बोले—तुम अभी जाओ मास्टर, शाम को मिलना।

—कहाँ मिलूँ, दुखमोचन?

—मधुकान्त के दालान पर।

टेकनाथ उठकर चला गया।

दुखमोचन और वेणीमाधव भी उठकर गाँव के दक्षिणी छोर पर पहुँचे।

खेती-गिरस्ती का मौसम आ जाने से पड़ोसी गाँवों के स्वयंसेवक और रक्षा-समितिवाले जवान पिछली अमावस के अगले रोज ही वापस जा चुके थे। शिविरवाली झोंपड़ियाँ सूनी पड़ी थीं क्योंकि सहायता का दफ्तर अब मधुकान्त के दालान पर चला गया था।

वेणीमाधव ने कहा—इन झोंपड़ियों का क्या करोगे?

दुखमोचन बोले—बौधू चाचा अपने पुरवे में एक चौपाल खड़ी करना चाहते हैं। छठे-छमाहे कोई रैदासी भगत आ जाता है तो चमार भाइयों की भारी जुटान होती है। इन झोंपड़ियों का सामान एक चौपाल के लिए काफी होगा।

—तो बौधू चाचा से कह क्यों नहीं दिया?

—भूल गया वेणीमाधव, तुम कह आना जाकर...दो-ही-एक दिन में उठा ले जाएँ!...अच्छा, तुमने अपने चाचा से टेकनाथ के मामले की चर्चा की थी?

—की तो थी, लेकिन वह कुछ बोले नहीं थे, दुखमोचन! और, दूसरी दफा मैंने कभी पूछा ही नहीं।

—मुझ पर तो बेहद खफा होंगे! कि नहीं?

—नहीं दुखमोचन, इधर काका ने कई बार तुम्हारे बारे में पूछा है...क्रोधित होने पर हमारे पंडित काका महाकाल-महारुद्र की तरह लगते हैं, लेकिन गुस्सा हटने पर उनका दिल मक्खन का लोंदा हो जाता है। अभी तुमने काका का एक ही रुख देखा है...

देवी-मन्दिर से कुछ हटकर पश्चिम की तरफ ललित पंडित का कलमी आमों का छोटा-सा बगीचा था। यह उनकी खुद की रची हुई सृष्टि थी। लँगड़ा, किसुनभोग, बम्बइया, कलकतिया, जर्दालू, शाह-पसन्द, गुलाब-खास, सुकुल और सीपिया आमों के कलमी पौधे छाँट-छाँटकर जाने कहाँ-कहाँ से लाए थे! पौधों की सेवा में रात-दिन एक कर दिया था। हाता बहुत बड़ा नहीं था, दस कट्ठा भीठ जमीन थी। चारों तरफ से सीसम-महुआ-खैर आदि पेड़ों की तरुण कतारें आमों को घेरकर खड़ी थीं। बाग के बीचोबीच पक्की ईंटों का छोटा-सा कुटीर था, पक्की जगतवाला एक कुआँ भी।

दोनों जने बातचीत करते-करते बाग के अन्दर दाखिल हुए तो पंडितजी 'ब्रह्मवैवर्त-पुराण' का पारायण कर रहे थे।

दोनों ने पैर छूकर पंडितजी को प्रणाम किया। आशीर्वाद संकेत से ही मिला। अध्याय समाप्त करके उन्होंने हुलसकर दुखमोचन की तरफ देखा। क्षण-भर बाद पूछा—आम तो अभी पकने ही लगे हैं। इक्के-दुक्के टपकते होंगे, उनसे अभी बच्चे ही अपनी जीभ की खुजलाहट मिटाते होंगे। परसों एक आम बम्बई की डाल में पका हुआ नजर आया, मैंने लग्गी से टहनी झुकाकर हाथों-हाथ तोड़ लिया। मौसम का पहला फल कल भगवान् का नैवेद्य हुआ। आज तीन आम तोड़े हैं और संयोग से तुम आ गए हो...बेटा! अपनी सृष्टि के फल हैं, खिलाकर आत्मा को परितोष होगा।

काका चाकू से आम छीलते रहे। वेणीमाधव को दुखमोचन ने कोहनी से छूकर उकसाया, मतलब की बात पूछने के लिए। उसने आहिस्ता-से कहा—ताऊ, टेकनाथ के बारे में आपसे मैंने कुछ पूछा था। याद है?

—हाँ, अच्छी तरह याद है, बच्चा!—ललित पंडित बोले—कमजोर, अपंग बैल खोल देने पर भी लौट आया और गली के कोने में अनदेखे झुलसकर मर गया तो इसमें टेकनाथ का क्या दोष?

—मगर पड़ोसी तो उसे बैल का हत्यारा समझते हैं, ताऊजी! एक-आध जगह इसकी चर्चा भी सुनने में आई है...बेचारा टेकनाथ चिन्ता के मारे सूखकर काँटा हो गया है।

पंडित ने कहा—पड़ोसी भी मूर्ख हैं और टेकनाथ भी मूर्ख है...

ललित पंडित का अनुकूल रुख पाकर दुखमोचन को खुशी हुई। भीतर की प्रसन्नता को दबाकर वह बोले—काका, परसों है संक्रांति। टेकनाथ सत्यनारायण भगवान् की पूजा करेंगे। आपको उस समय टेकनाथ के यहाँ उपस्थित रहना है और पान-प्रसाद ग्रहण करना है।

—अवश्य!—पंडितजी ने बिना किसी झिझक के कहा और कटोरा दुखमोचन को थमा दिया। छीले आम के लाल कतरे थे उसमें। वेणीमाधव अपना भतीजा था, उसे हाथ में ही थमा दिये गए।

आम खाकर, मुँह-हाथ धोकर दोनों चले तो ताऊ बाग के बाड़े तक उन्हें छोड़ने आए। अलग होते वक्त दुखमोचन की पीठ पर हाथ रखकर बोले—टेकनाथ से कह देना, हत्यावाली बात अपने मन से निकाल डाले... और ठाठ से सत्यनारायण भगवान् की पूजा करे, पुरोहिताई बल्कि मुझसे ही करवाए...

—कह दूँगा, काका!—दुखमोचन बाड़े से बाहर आ गए।

वेणीमाधव पीछे था। चलते-चलते कहा—अगर ताऊ उलटा रुख अख्तियार करते तो मामला टेढ़ा हो जाता।

पीछे घूमकर दुखमोचन ने वेणीमाधव को देख लिया। फिर जमी हुई आवाज में बोले—तो भी परसों टेकनाथ से मैं भगवान् की पूजा इसी तरह करवाता और इसी तरह समाज के दस आदमी मास्टर के हाथ से पान प्रसाद ग्रहण करते... पंडित काका की मुहर लग जाने से अब इतना तो हो गया कि पुराने विचार के लोगों का दिल भी टेकनाथ के प्रति साफ रहेगा। यों तुम देख ही चुके हो कि माया और कपिल की शादी करवाकर बुज़ुर्गों की दकियानूसी को हमने किस तरह दफना दिया...

दोनों बस्ती के भीतर आए। सूरज डूबने में थोड़ा ही विलम्ब था। नये-नये सादे-फीके घर जेठ की सादी संध्या को कई गुनी अधिक सादगी में डुबो देने के लिए मानो घड़ी-आधी घड़ी पहले से ही तैयार खड़े थे।

मामी से दो बातें करके दुखमोचन लहेरियासराय की ट्रेन पकड़ने के लिए स्टेशन की तरफ लपके। टेकनाथ से मिलने का काम वेणीमाधव को सौंपते गए।

लीलाधर रात को खाने बैठे। सामने बैठकर मामी पंखी से हवा करती रहीं। अपनी पसन्द की नई बिजनी आर्डर देकर उन्होंने इधर बनवा ली थी।

अमराई में दुखमोचन से आज जो कुछ बातें हुई थीं, लीलाधर ने सब अपनी भाभी से बतला दीं तो वह बोलीं—बड़े भागे-भागे फिरते थे तुम, अब हमारे बबुअन का फंदा तोड़कर भागो तो समझूँ!

दबाई हुई मुसकान भाभी की आँखों में कई गुना ज्यादा चमक बनकर जगमगा उठी, लालटेन की मद्धिम रोशनी भी देवर से इस तथ्य को छिपा नहीं पाई...लीलाधर खाते-खाते हँस पड़े। कौर चबाने में व्यस्त मसूड़ों और चालू गालों की कसरत हँसी का जोर भला कैसे सँभालती! मुँह के कौर को जैसे-तैसे गले के नीचे धकेलकर कहा—खाली फंदा होता तो एक बात भी थी, मगर इसमें लासा लगा हुआ है, भाभी!

अबकी दोनों खुलकर मुस्कराए। तरकारी ले आईं मामी उठकर। बैठने की अपनी मुद्रा ठीक करके कहा—बबुअन का अब एक ही काम जल्दी करने को रह गया है...झंडा झुलस गया तब से दालान का आँगन सूना लगता है। पन्द्रह अगस्त के तो अभी ढाई-तीन महीने बाकी हैं। इसी पूर्णिमा के प्रात:काल ध्वजा गाड़ने और झंडा फहराने का निश्चय किया है बबुअन ने। देखें, झंडा फहराने के लिए इस बार बाहर से कौन पधारते हैं!

लीलाधर ने डकार लेकर कहा—शुभंकर बाबू...

—हाँ, शायद वही पधारेंगे। बबुअन जिसको चाहेंगे, पकड़ लाएँगे।

हुआ भी यही।

दुखमोचन संक्रान्ति की दोपहर को लौटे। शाम को टेकनाथ ने सत्यनारायण भगवान् की पूजा की और लोगों को अपने हाथ से पान-प्रसाद दिये। सबने वहीं बैठकर उसे ग्रहण किया। ललित पंडित की मौजूदगी का हाल मालूम करके नित्याबाबू और त्रिजुगी चौधरी-जैसे पुराने लोग भी आ गए थे।

अगले दिन पूर्णिमा थी। तीन विधायक आ पहुँचे—शुभंकर बाबू, चतुरी ठाकुर और इन्द्रशेखर सिंह। दारोगा, अंचलाधिकारी साहब, पिपरा बाजार के पाँच-सात नागरिक और पड़ोसी गाँव के पंच भी आ जुटे।

बौधू चाचा के पुरवे से ढोल-पिपही बजानेवाले भाई सवेरे-सवेरे आकर

डट गए थे। समूचा गाँव इस झंडा-समारोह को अपना खास त्योहार समझ रहा था। छोकरे और छोकरियाँ गोल बाँधकर तमाशा देखने आए।

मौसम खेती का था। हल्की बूँदाबाँदी के बाद बादलों ने आसमान को खाली कर दिया तो खुशी के मारे लोगों के चेहरे दमकने लगे।

लम्बा-पतला हल्का हरा ताजा-चमकीला 'चाप' बाँस दालान से बीस कदम आगे गाड़ दिया गया। पिसे चावल की गाढ़ी घोल में हथेली डुबो-डुबोकर मामी ने ध्वज-दंड पर पाँच-सात पंचगुरा छाप दे डाली, फिर सिंदूर लगा दिया।

लोगों का खयाल था, दुखमोचन शुभंकर बाबू से या किन्हीं दूसरे विधायक से झंडा फहराने का अनुरोध करेंगे। लेकिन ध्वजा के नजदीक खड़े अभ्यागतों की अगवानी में अनुनय-विनय के चार शब्द कह लेने के बाद दुखमोचन ने हाथ उठाकर सफेद बालों और चुचके गालोंवाले एक अर्धनग्न गँवई बुजुर्ग की ओर संकेत किया और बोले—यह हमारे बौधू चाचा हैं, गाँव के सबसे बूढ़े। भाइयो, मेरी लालसा थी कि कभी बौधू चाचा को राष्ट्रीय पताका उत्तोलित करते हुए देखूँ...आप सभी ने मुझे अपना स्नेह दिया है, मुझमें अपनी आस्था प्रकट की है। आपके ही आशीर्वाद का नतीजा है कि मेरी वह लालसा आज पूर्ण हो रही है...

दुखमोचन खुद ही आगे बढ़े और बौधू चाचा को ध्वजा के पास ले आए।

लोगों ने आश्चर्य से देखा, बूढ़ा खादी की नई चारगजी धोती पहने हुए है...

दुखमोचन ने उसे डोरी खींचकर झंडा फहराने के बारे में अच्छी तरह बता दिया...

ढोल बज रहा था, पिपही बज रही थी। लोगों की उत्सुक निगाहें ध्वजा के ऊपरी छोर पर जमी थीं कि बौधू चाचा ने खट-से डोरी खींच ली और अशोक-चक्र-शोभित तिरंगा आकाश में फहराने लगा।

जोरों से तालियाँ पीटी गईं तो ढोल-पिपही की आवाज भी तीव्र से तीव्रतर हो उठी।

इसके बाद कन्या-पाठशाला की तीन छात्रओं ने 'वंदे मातरम्' गाया, जिसकी कड़ियों को अधिकांश लोगों ने दोहराया।

विधायकों से दुखमोचन ने 'कुछ' कहने की प्रार्थना की तो तीनों पन्द्रह मिनट तक बोले...कपिल ने अभ्यागतों को धन्यवाद देकर समारोह के अन्त की घोषणा की।